FACULTÉ DE DROIT DE TOULOUSE

DU DROIT

DE

RETOUR LÉGAL

DES ASCENDANTS DONATEURS

EN DROIT ROMAIN & EN DROIT FRANÇAIS

THÈSE POUR LE DOCTORAT

SOUTENUE

Par M. Alexandre LAURENS

Avocat

Lauréat de la Faculté de Droit de Toulouse.

TOULOUSE

P. GARY, LIBRAIRE-ÉDITEUR

6, RUE DES LOIS (près du Capitole)

1881

DU DROIT

DE RETOUR LÉGAL

DES ASCENDANTS DONATEURS

FACULTÉ DE DROIT DE TOULOUSE

MM.

BONFILS, doyen, professeur de procédure civile.

DUFOUR ✳, doyen honoraire, professeur de Droit
Commercial.

MOLINIER ✳ O, Professeur de Droit criminel.

BRESSOLLES ✳, Professeur de Droit civil.

MASSOL ✳, Professeur de Droit romain.

GINOULHIAC, Professeur de Droit français, étudié dans
ses origines féodales et coutumières.

HUC, Professeur de Droit civil.

POUBELLE ✳, Professeur de Droit civil, en congé.

ROZY, Professeur de Droit administratif.

ARNAULT, Professeur d'Economie politique.

DELOUME, Professeur de Droit romain.

HUMBERT, ✳, Professeur honoraire, sénateur.

PAGET, agrégé, chargé du cours d'histoire générale
du Droit français public et privé.

CAMPISTRON, agrégé, chargé du cours de Droit civil.

BRESSOLLES (Joseph), agrégé, chargé du cours de
Pandectes.

VIDAL, agrégé.

WALLON, agrégé, chargé du cours de Droit des gens.

Président de la Thèse : M. DELOUME

Suffragants :
{
MM. BRESSOLLES (Gustave).
GINOULHIAC.
PAGET
CAMPISTRON
}

La Faculté n'entend ni approuver ni désapprouver les opinions
particulières du Candidat.

FACULTÉ DE DROIT DE TOULOUSE

DU DROIT

DE

RETOUR LÉGAL

DES ASCENDANTS DONATEURS

EN DROIT ROMAIN & EN DROIT FRANÇAIS

THÈSE POUR LE DOCTORAT

SOUTENUE

Par M. Alexandre LAURENS

Avocat

Lauréat de la Faculté de Droit de Toulouse.

TOULOUSE

P. GARY, LIBRAIRE-ÉDITEUR

6, RUE DES LOIS (près du Capitole)

1881

A MA GRAND'MÈRE

A MON PÈRE — A MA MÈRE

MEIS ET AMICIS

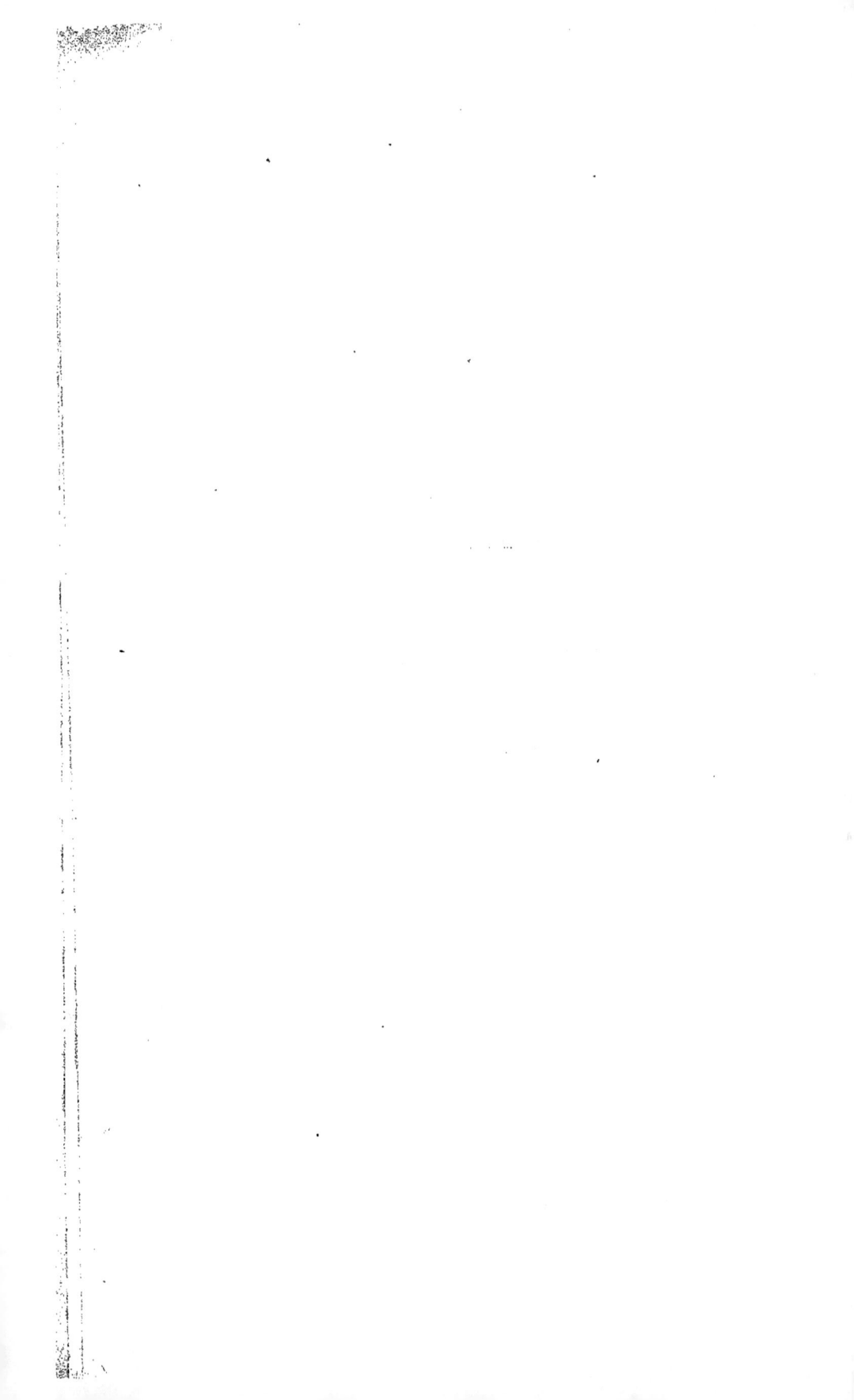

INTRODUCTION

L'étude de notre Droit moderne est d'autant plus fructueuse et attachante que l'on connaît mieux les précédents historiques de la Législation. Par suite, si l'on peut faire remonter bien haut l'origine de certaines institutions juridiques, leur connaissance est sans doute rendue plus difficile par la diversité des théories auxquelles elles ont donné naissance, mais elles sont alors étudiées avec beaucoup plus d'intérêt et de profit. En présence des systèmes opposés que l'on trouve sur certaines questions, on est, en effet, amené à examiner sur quels principes ils se sont appuyés, puis à les comparer, à chercher, en s'expliquant leurs différences, quelle part de vérité chacun d'eux peut avoir retenue, et enfin à les concilier autant qu'il est possible..

Ces divers points de vue dans la vie d'une institution juridique se retrouvent successivement à l'occasion des droits qui doivent être accordés à l'ascendant
donateur sur les biens du donataire prédécédé sans
postérité. D'abord, en droit Romain, on invoqua,
à l'appui du droit de retour, l'intention présumée du donateur ; et cette présomption fut acceptée
avec une si grande faveur dans les pays de Droit
écrit, que l'on en vint à lui donner presque la force
d'une clause expresse de retour. Dans les pays
de Coutumes, au contraire, on négligea de rechercher
l'intention de l'ascendant au moment de la donation,
et le droit de retour trouva sa base dans la matière
des Successions, ce qui amena sur certains points,
des solutions bien différentes de celles qui étaient
admises dans les pays de Droit écrit. Alors, on essaya de mettre un terme aux controverses, en propo-
sant un système mixte qui s'appuyait à la fois sur
les deux théories pourtant si opposées entre elles :
et ce dernier système a enfin prévalu auprès des rédacteurs du Code Civil.

Cette diversité dans les systèmes ne doit pas nous
surprendre : car la matière dont il s'agit se rapporte
en même temps aux donations dont il faut déterminer

les effets, lorsque le but que se proposait le donateur ne s'est pas réalisé, et aux successions puisque
l'on doit encore désigner les personnes appelées à
recueillir, à la mort du donataire, les biens qu'il a
laissés, lorsque ces biens lui ont été donnés par un
ascendant qui lui survit. Aussi, tant que l'on s'est
exclusivement placé à un seul de ces points de vue,
on n'a pu trouver de solutions qui fussent à l'abri
de la critique. Pour établir solidement un système,
il était nécessaire de se préoccuper à la fois des
deux situations : c'est ce qu'ont fait les Rédacteurs du
Code Civil dont l'œuvre doit, sur ce sujet, être
considérée comme définitive.

La dénomination de l'institution juridique que
nous allons étudier a varié suivant les systèmes :
aussi est-il difficile de trouver une expression qui
puisse définir tout le sujet. Il n'existait, en droit Romain, aucun mot pour désigner le droit accordé
aux ascendants donateurs ; mais, dans le Droit écrit,
ce droit fut appelé droit de retour et surtout de réversion, parceque, disait-on, le bien donné revenait
aux ascendants. En droit Coutumier, c'était un droit
de succession qui était déféré aux ascendants. Dans
notre Droit actuel, cette institution n'est désignée par
aucun titre. Elle pourrait être définie par la rubri-

que « *Du droit de retour légal des Ascendants dona-teurs* » qui s'applique à l'ensemble de notre sujet. En effet, lorsque, dans les derniers temps de notre ancienne législation, le droit des pays de Droit écrit et celui des pays de Coutumes se furent un peu « mêlés », comme dit Lebrun, le mot «retour» fut appliqué au système mixte qui prenait alors naissance ; en ajoutant le mot « légal » nous indiquons que nous étudions le droit qui résulte de la législation soit Romaine, soit Ancienne, soit Moderne, et non celui qui résulte de la Convention, et, par les mots «Ascendants dona-teurs» nous déterminons les personnes appelées à jouir du droit que nous voulons exposer. Nous écartons par suite les expressions : «succession anomale» et «retour successoral» qui peuvent comprendre d'autres appelés.

I

DROIT ROMAIN

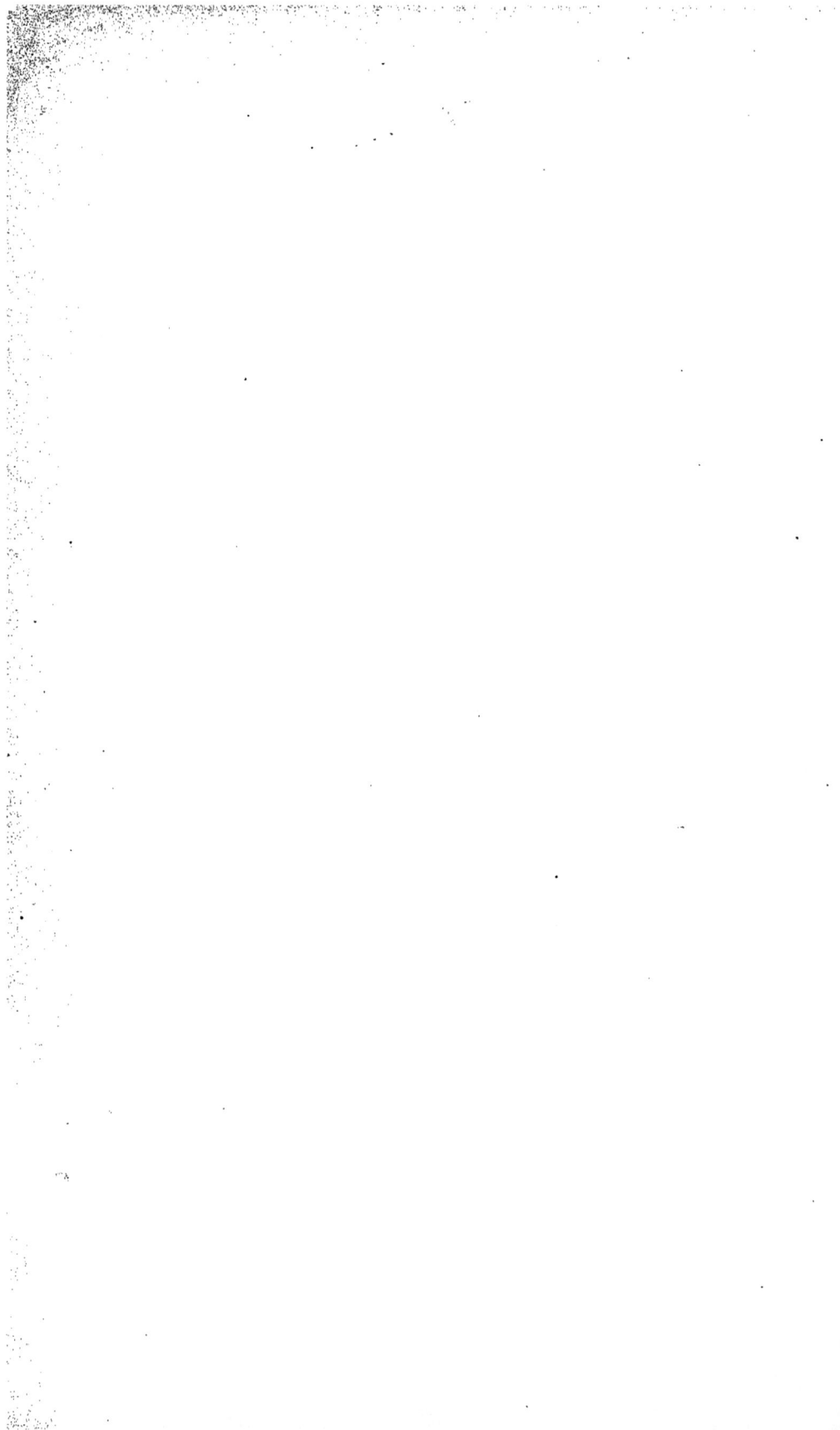

CHAPITRE PREMIER

**Fondement du droit de retour. — Division
du sujet.**

Les engagements que contractent les futurs
époux, au moment de s'unir par le lien du mariage,
ne s'appliquent pas seulement à leurs rapports
réciproques : ils vont au-delà ; et ils s'étendent d'a-
bord à la famille qui va se former autour d'eux, à
leurs enfants. Mais il y a plus encore : ce sont des
parents, des ascendants surtout qui, ayant à cœur
de voir se perpétuer leur descendance, veulent
autant qu'il est en leur pouvoir, et au moyen de
donations le plus souvent, aider leurs enfants à
supporter les charges du mariage. Il peut arriver cependant que ces ascendants soient dé-
çus dans les espérances qu'ils avaient fondées

sur la nouvelle famille et que celle-ci se trouve, par l'effet du sort, en peu de temps anéantie. Comment se règleront les questions d'intérêts qui naîtront de cette éventualité ? Quel sera, en particulier, le sort des libéralités qui auront été faites par les ascendants dans le but de contribuer à la prospérité de la famille ? C'est à ce dernier point de vue que nous allons nous placer.

L'organisation de la famille n'est pas complètement en dehors des intérêts matériels, et les modifications qu'elle subit peuvent exercer une influence profonde sur le mode d'administration et le sort des biens qui sont destinés à subvenir aux dépenses de son entretien. Nous allons le constater surtout dans les origines de l'institution juridique qui sera l'objet de ce travail. A Rome, dans les premiers temps, la famille était représentée presque exclusivement par le *pater familias* qui, à la fois prêtre et magistrat, tenait sous sa puissance tous ses descendants, à quelque degré qu'ils fussent placés, et suppléait ainsi par son autorité à celle qui manquait à l'Etat pour l'administration de la cité. Mais, si ce pouvoir de juridiction du père fut successivement diminué à mesure que l'organisation politique de Rome se fortifiait, il subsista cependant tant que dura la République et ne commença à décliner sensiblement qu'après les premières années de l'Empire; et c'est alors seulement que l'on songea à faire des distinctions entre les biens des enfants et ceux du père de famille. Les conséquences de cette organisation se retrouveront dans la matière que nous allons étudier.

Nous verrons qu'à Rome l'ascendant donateur n'eut de droits à exercer que relativement aux biens par lui donnés à sa fille. Il ne pouvait en être autrement: car, en ce qui concerne les fils, ou ils étaient sous la puissance de leur père ou d'une autre personne, et alors ils ne gardaient pas pour eux le bénéfice des donations qui leur étaient faites, ou ils étaient émancipés, et alors ils devenaient étrangers à leur famille; il n'y avait plus de liens civils entre eux et leurs parents. Pour les filles, au contraire, à côté de la puissance paternelle, s'élevait au moment du mariage une nouvelle puissance, celle du mari. De là un conflit; mais la puissance maritale l'emportait, car de son respect dépend la bonne administration du ménage. Mais, après la mort de la fille, les droits du père reprennent toute leur vigueur : peut-il alors réclamer les biens qu'il a donnés à sa fille, uniquement en vue d'un mariage qui vient d'être dissous ? C'est ainsi que la question fut posée aux jurisconsultes romains; nous allons rechercher bientôt comment ils l'ont résolue.

Lorsqu'un mariage formé avec constitution de dot était dissous, que devenait la dot? Dans le Droit le plus ancien, si la mort de la femme était la cause de la dissolution du mariage, le mari gardait la dot; si, au contraire, la femme était survivante, on déclara que la dot devait lui être restituée, afin qu'elle put se remarier, et bientôt on considéra les seconds mariages comme une nécessité sociale qui fut proclamée en ces termes : *reipublicæ interest mulieres dotes salvas habere propter quas nubere possunt* (1). Mais la faveur faite au mari dans la première hypothèse était exagérée ; il fallait la restreindre, parce qu'elle mettait complètement de côté les intérêts de la famille de la femme et, en particulier, de ceux qui l'avaient dotée et qui étaient généralement les ascendants. Il en résultait, en effet, que lorsqu'un père, après avoir doté et marié sa fille, avait le malheur de la perdre, il ne pouvait recevoir aucune compensation à raison des sacrifices qu'il avait faits; et de plus, s'il n'avait pas la consolation de voir ses biens passer à sa descendance, il les voyait rester entre les mains d'un homme qui ne lui était plus rattaché par aucun lien et qui, par un nouveau mariage, pouvait, avec la dot de sa première femme, fonder une autre famille. Telles étaient les conséquences de la loi qui avait négligé de se préoccuper de ce que devenait la dot dans cette hypothèse, uniquement parce qu'elle n'avait pas un second mariage de la femme à favoriser. Tandis que, si l'union conjugale se fut rompue par la mort du mari, sa veuve eut repris la dot qu'elle avait reçue et si elle était morte avant

_____

(1) L. 2, Dig., *de Jure dotium*, 23, 3.

de s'être remariée, c'est le père qui aurait recueilli la dot.

Ce mode de régler les questions d'intérêts, à la dissolution du mariage, était peu rationnel quoiqu'il fut la conséquence de la stricte application des lois ; il blessait surtout l'équité : aussi les jurisconsultes, d'accord en cela avec l'opinion publique, ne tardèrent-ils pas à réagir contre un pareil ordre de choses et à demander une règlementation plus juste des droits de ceux qui avaient constitué la dot. Le jurisconsulte Pomponius nous dit que pour remédier à cette situation, *jure succursum est* (1)... par un progrès du Droit, on vint en aide au père. Le motif que nous trouvons dans le fragment des ouvrages de ce jurisconsulte qui reproduit dans le Digeste la règle nouvelle, c'est qu'il ne faut pas que le père ait à pleurer à la fois la perte de sa fille, et celle de son argent : *ne et filiæ amissæ, et pecuniæ damnum sentiret* (2). Ce motif, qui est cependant exact, est donné sous une forme brutale, mais l'expression répugne plus que le fond. On cherche, en effet, à aplanir l'inégalité que rien ne justifie et qui résulte, comme cela vient d'être expliqué, de ce fait que la femme était morte avant son mari. La pensée du jurisconsulte est celle-ci : le père, l'ascendant, ne doit pas être dans une situation différente, suivant que son gendre sera

(1) 6, Dig., *de Jure dotium*, 23, 3.
(2) 6 pr., *in fine*, Dig., *eod.*, *tit.*

mort avant ou après sa fille ; il ne faut pas que
dans un cas on lui rende la dot, et que dans l'autre
on la lui refuse. Dans les deux hypothèses, la situation sera la même ; on le laissera tout entier à
la douleur d'avoir perdu son enfant et les préoccupations d'intérêt ne viendront pas le troubler.
Telle est l'idée que l'on trouve sous le motif donné
par Pomponius. Ce motif ainsi entendu ne nous
semble pas aussi ridicule que veut bien le dire un
jurisconsulte de notre époque (1) qui s'est peut-être
trop arrêté à la forme extérieure du texte et qui
n'a vu dans le droit de retour qu'une consolation
donnée au père ; ce n'est donc pas uniquement à
titre de consolation qu'on a créé ce droit, on a
voulu surtout corriger la rigueur de l'ancienne
législation.

L'explication que nous avons donnée, a été le
motif déterminant qui a fait mettre le père dans
une situation meilleure ; on a bien fait valoir d'autres considérations, mais elles ne sont qu'acces-
soires, ou même doivent être repoussées comme
inexactes. Aussi doit-on considérer la loi 6, précitée, comme le texte organique de la matière.

Cette opinion est corroborée par la loi 5, Dig.,
de divortiis. Ulpien déclare d'abord, dans un cas
où il admet que le père reprendra la dot, que le
préteur doit traiter également le père et le mari :
non minus patri quam marito succurere prætorem

(1) Accarias. *Précis de Droit romain,* page 775, note 2.

oportet. En disant que c'est au préteur qu'incombe ce soin à propos de cette matière, nous pouvons constater une fois encore que cette disposition a pour but de corriger la rigueur inexplicable du vieux Droit romain.

On a cherché dans d'autres motifs la base du droit de retour, parce que l'on ne s'est pas assez rendu compte du premier motif et qu'on l'a trop critiqué pour s'en servir ensuite. On a dit, en s'appuyant sur le texte d'une Constitution de Théodose et Valentinien (1), que l'on avait voulu encourager ainsi les parents à doter leurs filles, et que les ascendants feraient des libéralités d'autant plus étendues qu'ils seraient plus certains de rentrer en possession de la dot qu'ils auraient constituée, dans le cas où un malheur ruinerait leurs espérances. Une pareille considération ne paraît pas suffisante pour servir de base à une théorie juridique; car nous croyons que c'est en présence de l'iniquité du résultat amené par la stricte application des lois sur la restitution de la dot, que l'on a songé à établir le droit de retour; mais *a priori*, dans une législation en formation, on ne pouvait prévoir l'hypothèse qui nous occupe, parce qu'il n'est pas présumable qu'elle soit dans l'esprit des ascendants au moment où ils établissent leurs enfants. On ne peut, en effet, supposer qu'un père ait, au moment où il va marier sa fille ,

(1) 2, Code, *de Bonis quæ liberis.*

les préoccupations les plus opposées à ce qu'il désire, et qu'il puisse prévoir alors que sa fille décédera avant lui, ce qui arrive malheureusement quelquefois, contrairement aux lois de la nature. Aussi, l'on ne peut admettre que le père ait, en mariant sa fille, la pensée que la dot pourra un jour lui revenir; ce n'est donc pas dans de telles considérations qu'il faut chercher la base du droit de retour. Et cependant, oserait-on assurer que le père n'aurait fait aucune réserve, si cette prévision avait pu se présenter à son esprit? Du reste, ceux que dominent les préoccupations indiquées dans la Const. 2, Code, *de bonis quæ liberis...* peuvent s'assurer plus énergiquement la restitution de la dot, en stipulant le retour conventionnel, et nous ferons remarquer que le droit de retour indiqué dans la loi 6, Dig., *de Jure dotium* a été établi précisément en faveur de ceux qui, en constituant la dot, n'ont pas songé à assurer, le cas échéant, sa restitution.

On pourrait objecter qu'il était facile d'obvier aux inconvénients que présentait l'absence du retour légal, au moyen du retour conventionnel. En effet, même avant que le retour légal fut créé, il a toujours été permis de régler, par une stipulation faite au moment de la constitution de dot, le mode et les conditions de sa restitution. Mais la situation du père a paru tellement favorable que l'on a dû présumer ses intentions lorsqu'il avait gardé le silence. Ainsi, on n'a plus à craindre une

omission très-excusable et qu'expliquent si bien
les préoccupations qui assiégent les parents quand
ils voient leurs enfants s'engager dans les liens
du mariage, et, désormais, les ascendants ne seront pas injustement dépouillés des biens dont le
retour est imposé par l'équité.

Il était donc de toute nécessité de supposer la
volonté de conserver le droit de reprendre la dot,
le cas échéant ; du reste, à côté du retour légal,
le retour conventionnel, au lieu d'être amoindri,
a dû acquérir une importance plus grande : d'a-
bord parce qu'il resta toujours ouvert à ceux qui
n'étaient point favorisés par le retour légal, et
ensuite parce qu'il pouvait encore profiter à ceux
en faveur desquels le retour légal avait été créé.
Une présomption d'intention ne saurait être com-
plexe ; or, il peut être nécessaire quelquefois de
faire des précisions à propos de la restitution de la
dot, et alors une stipulation expresse devra être
faite : l'on arrive ainsi à justifier la co-existence
des deux droits de retour.

Quelques jurisconsultes ont pensé que le droit
de retour avait été établi comme compensation à
l'obligation de doter qui est imposée aux ascendants : mais nous verrons plus tard que cette opinion doit être repoussée, car le droit de retour
existe en faveur de personnes à qui n'incombe pas
cette obligation de doter.

Ainsi donc, le droit de retour a pour fondement
l'équité ; il ne faut pas que le mari profite de ce

qu'il a survécu pour s'attribuer la dot, en excluant les parents déjà frappés par un malheur qu'on ne peut leur reprocher de n'avoir pas prévu d'une façon expresse.

Le droit de retour justifié en principe, nous avons à examiner comment il a été appliqué dans la législation romaine. Devait-on l'étendre à tous ceux qui auraient constitué une dot, ou bien, au contraire, le restreindre dans certaines limites ? Devait-on l'accorder indifféremment à tous les donateurs, ou ne favoriser que quelques-uns d'entre eux ?

Ceux qui peuvent reprendre les donations qu'ils ont faites étant désignés, quels sont les biens sur lesquels porte le droit ?

Dans quelles conditions doit avoir été dissous le mariage, pour que les parents puissent réclamer la dot en vertu de cette disposition ? Quelle est l'influence de l'existence des enfants ?

Cet état de choses apporte-t-il des modifications dans les pouvoirs des époux, du mari notamment, sur la dot ?

Telles sont les questions que les jurisconsultes romains ont eues à résoudre. Nous allons rechercher quelles sont les solutions qui ont été données.

CHAPITRE II

Quelles personnes jouissent du droit de retour ?

———————

Ce sont les ascendants paternels donateurs. Les motifs que nous avons développés pour justifier le droit de retour sont suffisants pour établir que les ascendants donateurs ont droit au retour. Mais il faut ajouter que c'est seulement l'ascendant donateur paternel qui jouit de cette faveur et qu'elle fut refusée à l'ascendant maternel. C'est là une solution toute romaine : on sait en effet que, dans cette législation, les liens dérivant de la parenté maternelle étaient tellement relâchés, qu'ils ne suffisaient même pas pour créer un droit ordinaire de succession; ils devaient donc *a fortiori* être impuissants pour faire présumer l'intention de reprendre la dot, alors que l'on n'aurait cru avoir aucune injustice à réparer. Tant que la parenté paternelle fut seule considérée par les jurisconsultes, le droit de retour fut exclusivement maintenu en sa faveur. Mais il y aura lieu de se demander si la loi 6, Dig., *de Jure dotium* fut étendue aux ascendants maternels, lorsque la parenté maternelle fut mise sur la même ligne que la parenté paternelle et que les mêmes règles furent également applicables à l'une et à l'autre.

Il résulte des textes et des principes que le degré de l'ascendant donateur importe peu; le droit est toujours le même, car il s'agit, ici, d'une intention présumée et non d'un droit de succession. Ce n'est donc pas la parenté seule qui donne naissance au droit de retour, mais il s'appuie aussi sur l'interprétation du contrat. Celui qui a été partie dans ce contrat doit donc profiter de la présomption. Par conséquent, si le grand-père a constitué la dot et si le père vit, c'est le grand-père qui exercera le droit de retour, puisque c'est lui qui a fait la donation.

Les règles que nous venons de poser s'appliquent uniquement à la parenté légitime. mais *quid* du père adoptif? La loi 5 § 13, Dig., *de Jure dotium* lui accorde le droit de retour. Cette solution, que nous retrouverons, du reste, dans le Droit français, est conforme aux principes du Droit romain dans lequel l'adoption détruisait la parenté dérivant du lien du sang et faisait naître une parenté civile plus efficace que la première et qui était la vraie base de la famille.

Ce droit est exceptionnel; aussi, ne doit-on pas l'étendre aux personnes pour lesquelles il n'a pas été créé; en conséquence, si l'ascendant a cessé d'exister quand la femme vient à décéder, ses héritiers, pas plus que ceux de la femme, ne pourront se prévaloir du droit de retour; et, dans ce cas, la dot sera attribuée à ceux auxquels elle doit revenir suivant les règles ordinaires sur la matière.

Quid si l'ascendant est mort après sa fille, mais avant d'avoir invoqué le droit que lui accorde la loi 6, Dig., *de Jure dotium?* Cette question est très importante, parce qu'elle nous conduit à nous demander si le droit de retour opère *ipso jure*, ou s'il a besoin d'être affirmé par une réclamation de celui qui en est investi. Si le droit de retour opère *ipso jure*, dès qu'il aura reposé un instant de raison seulement sur la tête de l'ascendant, il pourra être transmis aux héritiers. Au contraire, s'il n'opère qu'après réclamation, tant qu'une demande formelle de l'ascendant n'aura pas fait naître le droit en sa faveur, ses héritiers ne pourront l'exercer en son lieu et place. Nous pensons que le droit de retour opère *ipso jure*, en vertu de ce principe que la dot profectice doit faire retour au père dès que la fille est morte, l'obligation de restituer la dot naissant, pour le mari, dès que le mariage est dissous. Par conséquent, pourvu que le père ait survécu à sa fille, le droit sera transmis à ses héritiers. Cette question ne se trouve pas discutée dans les textes du Droit romain, mais elle préoccupa les commentateurs qui l'ont résolue dans le sens de l'affirmative, Gode-

froy, notamment, qui s'exprime ainsi : « *Soluto,*
« *morte filiæ, matrimonio dos profectitia cui eam*
« *dedit redire debet.* » (1)

On admettait une solution différente lorsque le
père était décédé avant sa fille, car alors le droit
n'avait pas reposé sur sa tête et, de plus, on n'admettait, dans aucun cas, que l'action du père en
matière de dot fut transmise à ses héritiers. On
décidait donc que les héritiers n'auraient pas l'action ; c'est ce que nous trouvons dans Labéon (2)
qui pose l'hypothèse suivante qui est cependant
très favorable : Un grand-père constitue une dot
en faveur de sa petite-fille, puis il décède, et plus
tard la petite-fille meurt pendant le mariage, mais
son père survit. Le père peut-il invoquer le droit
de retour, et réclamer la dot qui a été constituée
par le grand-père ? Labéon, qui adopte l'opinion
de Servius, se prononce pour la négative. parce
que le père ne peut pas dire que c'est lui qui a
constitué la dot ; par suite, il ne peut être présumé
avoir eu l'intention de la reprendre, et, d'un autre
côté, il ne peut, quoique héritier de son père, invoquer
le droit de ce dernier, car ce droit ne lui a pas été
transmis : donc, il doit être repoussé dans ses pré-
tentions. Il résulte de cela que l'ascendant donateur
doit survivre au donataire pour que le droit de

(1) Godefroy, Code, *Soluto matrimonio.* — La Rouvière,
Traité du droit de retour, livre I, ch. III.
(2) 79, Dig., 23, 3, *de Jure dotium.*

retour puisse prendre naissance. Tels étaient les principes qui furent d'abord admis ; plus tard survinrent des modifications, et nous en trouvons la trace dans un texte de Celsus (1) qui adopte une solution opposée et qui décide que le père peut jouir du droit de retour dans le cas exposé par Labéon. Cette opinion a dû prévaloir lorsque l'action de la dot put passer aux héritiers (2). C'est ainsi que l'on explique, par un progrès du droit, deux lois qui donnent cependant des solutions contraires (3).

Le donateur, bien que vivant, peut être devenu incapable de recueillir ; il a été, par exemple, condamné à une peine entraînant la confiscation de ses biens au profit du fisc. Le fisc peut-il réclamer la dot de la fille morte avant son père ? Non ; car alors le droit de retour ne prend pas naissance, parce que ce droit existe uniquement pour que le père puisse reprendre la dot, et, dans ce cas, il ne s'ouvrirait pas à son profit. Que devient alors cette dot ? On appliquera les règles générales, puisque l'exception est mise de côté ; les biens resteront au mari (4). Mais il serait possible que le père, en prévision d'une condamnation imminente, ait donné à sa fille une dot considérable

---

(1) 6, Dig., 37, 6, *de Collatione.*
(2) 1 § 4, Code, 5, 13, *de rei uxoriæ actione.*
(3) Donneau, tome 8, p. 203, § 9.
(4) 8 § 4, Dig., *de Bonis damnatorum*, 48, 20.

pour frauder le fisc qui va s'emparer de ses biens ;
alors, les anciens principes rappelés par Marcien
au profit du mari ne s'appliquent plus, et la règle
plus récente de la loi *jure succursum...* est maintenue en vigueur, c'est-à-dire qu'à la mort de la fille,
le droit de retour qui se serait ouvert en faveur
du père, existera au profit du fisc (1).

L'ascendant paternel fut donc seul admis à reprendre la dot qu'il avait constituée à sa fille.
Mais, dans la dernière période du Droit romain,
des modifications se produisirent dans la loi des
successions; alors on se préoccupa davantage des
liens du sang, moins des liens civils; on mit sur le
même rang la famille maternelle et la famille paternelle; les droits des deux branches tendaient à
devenir égaux, et bien que le droit de retour ne
fût pas un droit de succession, quelques jurisconsultes ont pensé cependant que la nouvelle législation apporta quelques changements en faveur
de la mère et des ascendants maternels. Telle est
l'opinion de La Rouvière (2), qui s'appuie sur les
Constitutions 2 et 3 Code *de bonis quæ liberis,* 6, 61'
et 12 Code *communia utriusque,* 3, 38; mais ces
textes ne donnent nullement cette solution; nous
trouvons, au contraire, une Constitution de Léon (3)
qui déclare, en termes formels, que les biens don-

(1) 9, Dig., *de Bonis damnatorum,* 48, 20.
(2) La Rouvière, *Traité du droit de retour.* Liv. I, ch. iv.
(3) Constitution XXV, *in medio, Leonis novellæ Constitutiones.*

nés ne retournent pas à la mère comme ils retournent au père : « *Si filius liberis orbetur, donum* « *quod illi a patre processerit, ad donatorem opor-* « *tere reverti : quod vero aut a matre aut ab extra-* « *neo quopiam donatum filius habet, non item,* « *nisi reverti debere id donatores pacto complexi* « *sint.* » On comprend, en effet, parfaitement que les modifications apportées à la loi des successions soient restées sans effet sur une matière qui leur est étrangère. C'est, du reste, l'opinion de Merlin qui déclare que l'usage seul a donné à la mère et aux ascendants maternels, dans les pays de Droit écrit, les mêmes droits que ceux qui appartiennent, en cette matière, au père et aux ascendants paternels (1).

(1) Merlin, v° Réversion, sect. I, § 1, art. 1, n° 2.

CHAPITRE III

Quels sont les biens soumis au droit de retour?

La loi 6, Dig., *de Jure dotium*, nous répond : « *Jure succursum est patri, ut filia amissa solatii loco cederet, si redderetur ei dos ab ipso profecta....* » Cette dot *a patre profecta* est appelée la dot profectice, dont Ulpien nous donne la définition suivante (1) ; « *Profectitia dos est quæ a patre vel parente profecta est de bonis vel facto ejus.* » La dot profectice est celle qui provient des biens ou du fait, soit du père, soit d'un autre ascendant paternel. On l'appelle profectice, quand il y a intérêt à considérer le point de départ, parce que ce point de départ est aussi celui où, dans certains cas, elle doit retourner (2), (*reversura est unde profecta est*). On lui oppose la dot adventice qui est pour toujours acquise à celui qui la reçoit.

(1) 5 pr. Dig., *de Jure dotium.*
(2) Pellat, *Textes sur la dot*, page 57.

Il n'est pas nécessaire, pour que la dot soit réputée profectice, que le père lui-même en personne constitue la dot, elle est encore réputée profectice lorsque c'est un mandataire qui a remis la dot au nom du père. De même, si, quelqu'un voulant faire une donation au père, celui-ci charge le donateur de remettre les biens au mari de sa fille, un double transfert de propriété est évité, mais la dot est néanmoins réputée profectice; le donateur est censé avoir été le mandataire du père. Enfin, si le père est fou, prodigue ou incapable, et si son curateur remet la dot au nom du père, cette dot est encore réputée profectice. La solution est la même si l'incapacité du père résulte de ce qu'il est prisonnier de l'ennemi ou des brigands ; c'est le préteur ou le président de la province qui fixeront le *quantum* de la dot (1).

Ulpien prévoit une difficulté et la résout d'une façon qui peut soulever des doutes (2). Un père, qui est dans l'intention de constituer une dot à sa fille, est appelé à une hérédité et la répudie pour qu'elle parvienne à son gendre qui est substitué ou appelé *ab intestat*. Le jurisconsulte, donnant l'opinion de Julien, dit que la dot n'est pas profectice, et qu'il en est de même si le père a répudié un legs afin qu'il reste à son gendre institué héritier, bien que cette renonciation ait eu lieu dans le but de constituer une dot. Le motif donné est

(1) 5 §§ 1, 2, 3 et 4, Dig., *de Jure dotium.*
(2) 5 § 5, Dig., *de Jure dotium.*

que cette dot ne provient pas des biens du père parce qu'il n'a pas diminué son patrimoine, et qu'il
a seulement négligé de l'augmenter. Cette solution ne semble-t-elle pas en contradiction avec
celle que nous venons de donner, d'après Ulpien,
pour le cas où le père charge une personne, qui
veut lui faire une donation, de la faire à son gendre? La renonciation à une hérédité ou à un legs
n'est-elle pas une donation indirecte? Non, l'acquisition du titre d'héritier est inconciliable avec
une acquisition préalable du père : dans le cas de
donation, il n'en est pas de même. Dans cette dernière hypothèse, l'acquisition du mari est fondée
sur une disposition du père; tandis que, lorsque le
mari est héritier, il peut invoquer un autre titre
qu'il trouve dans la loi, s'il est appelé *ab intestat*,
dans le testament, s'il est substitué. Malgré ces
motifs, les biens devraient être soumis au droit de
retour, car le père n'a-t-il pas laissé les biens à son
gendre, parce qu'il devait les considérer comme
une dot et comme soumis aux règles ordinaires en
matière de dot?

Il peut arriver quelquefois que la dot, quoique
remise par le père, ne soit pas profectice : c'est le
cas où le père, s'étant porté fidéjusseur de celui
qui a promis la dot, a été obligé de la payer; malgré le paiement fait avec ses biens, il ne peut
jouir du droit de retour, parce qu'il n'a agi qu'ac-
cessoirement dans la constitution de la dot. De
même, si quelqu'un fait une donation à un père

à condition qu'il en transmettra les avantages à sa fille au moyen d'une constitution de dot, cette dot n'est pas profectice: d'abord parce qu'elle n'est pas, pour le père, une cause d'appauvrissement et, de plus, parce qu'il peut être contraint, dans ce cas surtout, de doter son enfant. Cette solution est encore vraie, si c'est la mère qui remet à son mari une somme pour doter leur fille (1).

Au contraire, la dot remise par d'autres que les ascendants, peut être profectice. Dans le cas où le père s'est adjoint un fidéjusseur pour garantir l'accomplissement de la promesse de dot, si c'est ce dernier qui a payé, la dot est néanmoins profectice, parce que le père est débiteur principal et et que le fidéjusseur, ayant agi pour le compte du père, peut se faire indemniser de ce qu'il a avancé. La même solution doit être adoptée lorsqu'un fils de famille a délégué son débiteur, pour que celui-ci remette la dot à sa fille; c'est comme si le grand-père avait constitué la dot, dit Nératius, puisqu'il devra tenir compte au débiteur des sommes que ce dernier aura payées et puisqu'ainsi c'est le père de famille qui supportera définitivement la constitution de dot (2).

Des doutes peuvent s'élever parfois sur le point de savoir à quel titre la dot a été remise par le père, si c'est comme père ou en vertu d'une

____

(1) 5 §§ 6 et 9, Dig., *de Jure dotium.*
(2) 5 §§ 7 et 8, Dig., *de Jure dotium.*

promesse faite par un autre dont il est le représentant. Nous allons chercher quelle solution fut
donnée, sur ce point, par les jurisconsultes romains.

Un fils de famille étant sous puissance promet
une dot, son père meurt, et puis il paie la dot,
cette dot est-elle profectice? On pourrait dire
qu'elle ne l'est pas, parce qu'elle peut être considérée comme une dette de la succession du *de cujus*,
puisque celui-ci était tenu *de peculio* par la promesse faite par le fils de famille. Cependant la solution opposée est admise : la dot est profectice,
parce que le fils de famille est tenu en son propre
nom et principalement parce que c'est contre lui
que la créance existe et qu'il est le véritable
débiteur (1).

La question présente plus de difficulté dans l'hypothèse suivante : une personne promet une dot à
une jeune fille et meurt sans l'avoir remise, mais
elle institue le père héritier ; celui-ci paie la dot,
pourra-t-il plus tard exercer le droit de retour ?
Au premier abord, il semble que la réponse doive
être négative : on ne peut cependant donner de
solution absolue, et Julien propose une distinction;
il faut examiner si le mariage était contracté, ou s'il
ne l'était pas. Si le père a donné la dot, le mariage
étant contracté, il ne pouvait se soustraire à cette
obligation ; il a donc acquitté par force une des
charges du testament, par conséquent la dot n'est

(1) 5 § 10, Dig., *de Jure dotium*

pas profectice, c'est comme si elle avait été
remise par le testateur. Mais, au contraire, si le
mariage n'est pas contracté, le père peut empêcher
qu'il ait lieu en s'y opposant, et, par suite, il peut
se soustraire à l'obligation de payer la dot; si donc
il donne son consentement au mariage, et s'il paie
ensuite la dot, il a agi volontairement, il a rempli
une obligation dont il n'était tenu que sous une
condition potestative de sa part; par conséquent,
c'est comme s'il avait eu l'initiative de cette constitution de dot, donc la dot est profectice. (1)

On peut du reste poser la question d'une façon
plus générale, et se demander si, lorsque le père
a une double qualité, lorsqu'il est à la fois, par
exemple, père et curateur, il est présumé agir
plutôt en qualité de père qu'en celle de curateur.
Papinien pense qu'on doit présumer que le père
a agi en son propre nom, parce qu'il est rationnel que le père dote sa fille (2); c'est même un
devoir pour lui, surtout aux yeux de la loi romaine. Cependant cette solution ne doit pas être
appliquée d'une façon trop étendue, car Ulpien (3)
nous présente un cas où l'on doit se prononcer
contre le père : un père a donné des biens à sa
fille émancipée et celle-ci en étant devenue propriétaire, il n'a plus aucun droit sur ces biens; plus

(1) 5 § 14, Dig., *de Jure dotium*.
(2) 5 § 12, Dig., *de Jure dotium*.
(3) 51, Dig., *de Jure dotium*.

tard, du consentement de sa fille, il remet ces mêmes biens à titre de dot au mari de celle-ci; ces biens
ne deviennent pas profectices, parce que, lorsqu'ils
sont constitués en dot, ils ne sortent pas du patrimoine du père. Ce n'est pas du reste une déroga-
tion à la règle que nous avons posée, car il faut
remarquer que la solution serait différente si la
fille n'était pas émancipée ; alors malgré la donation, les biens n'auraient pas cessé d'appartenir au
père et ils seraient réellement sortis de son patrimoine lorsqu'ils auraient été constitués en dot.

La question de savoir si la chose d'autrui peut
faire l'objet de la dot profectice, est d'autant plus
délicate que les deux textes que nous avons sur la
matière semblent admettre des solutions différentes.
Pomponius (1) déclare que, si un père donne en
dot un fonds appartenant à autrui et qu'il a acheté
de bonne foi, ce fonds est censé profectice. Cette
décision est exacte : car un père peut donner en dot
une chose dont il n'a que la propriété bonitaire ; or
la chose possédée de bonne foi est presque dans la
situation d'une chose *in bonis*, en ce sens que, par
l'usucapion, le possesseur peut devenir propriétaire
quiritaire de toutes deux également ; elles diffè-
rent quant à leur situation parce que l'une peut
être revendiquée jusqu'au moment où l'usucapion finira, tandis que l'autre ne peut pas l'être.
Quoi qu'il en soit, le père en remettant la chose à

(1) 6 § 1, Dig., *de Jure dotium.*

son gendre, a négligé d'augmenter son patrimoine au profit de celui-ci ; et ce qu'il a donné sera donc profectice (1).

Papinien, de son côté, suppose qu'un père a emprunté ou reçu en paiement d'une créance des écus appartenant à autrui, et qu'il les a donnés en dot à sa fille. Le jurisconsulte déclare que, lorsque les écus auront été consommés, la dot deviendra profectice (2). Cette solution diffère de la première. En effet, dans la loi 6, on admet que, dès que la dot composée de choses appartenant à autrui est constituée par le père, la dot est profectice ; tandis que dans la loi 81, pour que la dot devienne telle, il faut que les écus aient été consommés; par suite, dans ce cas, la dot ne devient profectice que postérieurement à sa constitution. Tant que les écus ne sont pas consommés, ils peuvent être revendiqués; mais remettre à un autre les écus que l'on a reçus, n'est-ce pas les consommer ? Javolénus nous répond négativement (3); il faut, pour que la consommation ait lieu, que les écus soient mêlés à d'autres de façon à ne pouvoir plus être distingués : c'est alors seulement que, s'ils ont été constitués en dot par un père, la dot deviendra profectice. On comprend cette solution, parce que, au moment où les écus se trouvent confondus, la si-

(1) **Pellat,** *Textes sur la dot,* page 68.
(2) 81, Dig., *de Jure dotium.*
(3) 78, Dig., *de Solutionibus.*

tuation du possesseur change vis à vis du véritable propriétaire : avant la consommation, ce dernier pouvait les réclamer entre les mains du détenteur; depuis la consommation, le mari est à l'abri de toute poursuite, il profite donc des écus. Telle serait la situation du père, s'il avait conservé les écus pour les employer ensuite à son usage personnel ; il a donc diminué son patrimoine en les constituant en dot, celle-ci sera par conséquent profectice. La bonne foi est toujours supposée; on raisonnerait autrement dans le cas de mauvaise foi.

En présence de cette loi 81, on s'est demandé pourquoi la loi 6 admettait que la dot fut profectice, alors même que la revendication pouvait avoir lieu ? Pourquoi, dans un cas, attend-on que la revendication ne soit plus possible? Pourquoi, dans l'autre, la dot est-elle profectice, même quand la revendication est possible? Cujas (1) donne pour raison de cette différence, que la vente de la chose d'autrui est valable et, par suite, que le père, en constituant en dot la chose d'autrui qu'il a achetée de bonne foi, a fait sortir de son patrimoine un bien qui y était rentré à suite d'un acte valable; au contraire, dit le même jurisconsulte, l'argent d'autrui ne peut être prêté et, par suite, le père ne possédant pas cet argent en vertu d'un acte valable, il peut en être privé légalement ; il

(1) Cujas Comment. ex lib. VIII, Quæst Papin. ad l. 81. Pothier, Pandectes, de Jure dotium, Sect. I, n° 2.

ne diminue donc pas réellement son patrimoine en le remettant à son gendre.

Cette explication n'est pas satisfaisante, parce que, dans les deux cas, le père pouvait usucaper et devenir propriétaire, et, dès ce moment, la dot aurait dû être profectice. Mais il faut penser que, même dans le cas de la loi 6, la dot ne deviendra profectice que lorsque celui qui l'aura reçue sera à l'abri de toute revendication; jusqu'à cette époque, le mari peut être privé des biens donnés, comme il peut l'être des écus. (1)

Ainsi donc, c'est sur la dot profectice que s'exerce le droit de retour, et, en principe, c'était exclusivement sur elle seule. Pendant longtemps cette règle a été maintenue, mais une Constitution de Théodose et de Valentinien est venue étendre le droit de retour en faveur des ascendants à toutes les donations *propter nuptias* (2). Enfin la *Novelle* 25 de Léon étendit le droit de retour à toute donation faite par un ascendant en faveur d'un descendant.

(1) Pellat, *Textes sur la Dot*, pages 421 à 425.
(2) 2, Code, *de Bonis quæ liberis*, 6, 61.

CHAPITRE IV

Dans quels cas le retour de la dot profectice est-il ouvert et peut-il s'exercer ?

Le droit de retour s'exerce lorsque la femme meurt pendant le mariage; car si elle est morte après la dissolution du mariage, c'est suivant d'autres règles que la restitution de la dot doit être opérée.

On est généralement d'accord pour reconnaître que le droit de retour s'exerce sur les biens attribués en dot, soit à la fille non émancipée, soit à la fille adoptive; mais l'opinion des commentateurs n'est plus unanime, lorsqu'il s'agit de savoir quel est le droit de l'ascendant sur les biens que sa fille émancipée laisse à son décès. Le droit de retour existe-t-il sur les biens donnés en dot par l'ascendant? Certains auteurs admettent dans ce cas le droit de retour, d'autres en nient l'existence.

Ceux qui admettent le droit de retour en faveur

du père d'une fille émancipée, s'appuient sur des textes nombreux et qui fournissent des arguments décisifs contre l'opinion opposée.

Ulpien (1) décide que si le père donne une dot à sa fille émancipée, il n'est pas douteux que la dot soit profectice, parce que ce n'est pas le droit résultant de la puissance, mais la qualité de père qui rend la dot profectice. Le jurisconsulte ajoute une restriction : comme le père peut être le débiteur de sa fille, s'il donne la dot en cette qualité et non comme père, la dot est adventice. Il résulte clairement de ce texte qu'une dot profectice peut être donnée à une fille émancipée. Or, toute dot profectice fait retour au père dans le cas de prédécès de la fille pendant le mariage. Le texte que nous invoquons parle du cas où la fille était émancipée lors de la constitution de dot ; mais quelle solution donnera-t-on à la question, si la dot est constituée en faveur d'une fille sous puissance, qui est émancipée postérieurement ? La réponse se trouve dans cette même loi : il y est dit qu'on ne doit pas considérer le droit de puissance, mais bien la qualité de père. Donc, l'époque de l'émancipation importe peu, puisqu'elle ne peut apporter aucun changement à cette qualité.

Ce texte suffirait pour servir de fondement à une théorie, mais il est corroboré par d'autres qui

_____

(1) 5 § 11, Dig., *de Jure dotium.*

confirment d'une manière indiscutable l'interprétation qui précède.

Le même jurisconsulte Ulpien (1) prévoit le cas où une fille émancipée, mais qui avait reçu une dot profectice, divorce pour faire gagner sa dot à son mari et frustrer ainsi son père. Ulpien dit que l'on doit venir au secours du père pour éviter qu'il perde la dot, et, par conséquent, pour lui accorder sur la dot les droits qu'il aurait eus, si sa fille était morte pendant le mariage. Le jurisconsulte suppose donc que le père aurait pu jouir du droit de retour sur les biens donnés à sa fille émancipée.

Pomponius (2) confirme, en ces termes, l'opinion d'Ulpien : « ... *perinde observanda omnia....* « *ut, etiam si in potestate non fuerit patris, dos ab* « *eo profecta reverti ad eum debeat.* » Julien, Sabinus et Gaius (3) pensent qu'une fille émancipée ne peut priver son père du droit de retour.

Enfin Paul (4) nous fournit un dernier argument ; il se demande qui peut intenter l'action en recours contre le vendeur, dans le cas d'éviction du fonds donné en dot. Le mari peut intenter l'action, car il a une sorte de droit de propriété sur la dot ; la femme le peut aussi. Mais quel droit doit-on reconnaître au père ? La question présente

(1) 5 Dig., *de Divortiis et repudiis*, 24, 2.
(2) 10, Pr., Dig., *Soluto matrimonio*, 24, 3.
(3) 59, Dig., *Soluto matrimonio*.
(4) 71, Dig., *de Evictionibus*.

des doutes aux yeux du jurisconsulte romain, car
la dot n'appartient pas au père; en effet, si celui-
ci est soumis à la *collatio bonorum*, il ne rapporte
pas les biens qu'il a donnés en dot, puisqu'ils ne
font plus partie de son patrimoine. Cependant, le
jurisconsulte ne pense pas que la question doive
être ainsi envisagée : il dit qu'il faut examiner si la
fille est sous la puissance paternelle; dans ce cas,
comme, au jour de la dissolution du mariage, la dot
revient au père, et comme on peut aussi invoquer
un intérêt d'affection, l'action est accordée au père;
mais *quid* si la fille est émancipée? La question
devient alors plus délicate, parce que, dit Paul,
uno casu ad eum dos regredi possit ? Quel est cet
unus casus ? Pour ceux qui admettent le droit de
retour en faveur du père d'une fille émancipée,
c'est le cas de la mort de cette fille pendant le
mariage (1). Par conséquent, le droit de retour
est exercé par le père, sans qu'il y ait lieu de se
demander s'il avait conservé sa fille sous sa puissance ou s'il l'avait émancipée. Du reste, cette solution est conforme aux principes que nous avons
invoqués pour servir de base à notre théorie du
droit de retour. L'affection paternelle dont parle
Paul, doit en effet être présumée égale pour tous
les enfants, et, par suite, les parents doivent avoir
toujours les mêmes droits : si la législation civile

(1) Pellat, *Textes sur la Dot*, page 335. Cujas, *ad* § *illo pro-
culdubio, Code de rei uxoriæ.*

avait établi à Rome des distinctions trop barbares entre les enfants émancipés et ceux qui ne l'étaient pas , le préteur, qui avait pour mission d'adoucir la rigueur du droit civil, a dû placer tous les enfants sur le même pied d'égalité.

Il semble qu'en présence de raisons aussi concluantes, la controverse soit impossible; cependant une théorie inverse a été soutenue, et les arguments sur lesquels elle repose doivent être exposés. Nous examinerons, tout en les développant, quelle est l'importance qu'on doit leur attribuer.

On dit d'abord, pour établir que l'ascendant donateur ne peut exercer son droit de retour sur les biens de sa fille émancipée, que le droit de retour a été créé comme contre-poids à l'obligation de doter; et, par conséquent, comme le père émancipateur n'est pas tenu de doter, il ne peut invoquer un droit qui ne peut exister en sa faveur. Mais ce n'est pas là la base que nous avons donnée au droit de retour; aussi, ne pouvons-nous accepter cet argument qui vient à l'encontre de la théorie que nous avons exposée ; du reste, l'on tendit à resserrer les liens, autrefois si relâchés, entre le père et ses enfants émancipés, et on en vint à admettre que l'obligation de doter était la même pour le père émancipateur que pour celui qui avait conservé sur ses enfants la puissance paternelle (1).

(1) Accarias. *Précis de Droit Romain*, t. 1, page 774, note.

Mais on fait appel aux textes ; à l'appui de cette opinion, on invoque un rescrit d'Alexandre (1) ainsi conçu : « *Dos a patre profecta, si in matrimonio de-* « *cesserit mulier filia familias ad patrem redire* « *debet.* » On dit que ce texte précise et qu'il exige pour que la dot soit soumise au droit de retour, que la femme soit décédée *filia familias,* c'est-à-dire sous la puissance de son père. Il est aisé de répondre à cet argument en disant que l'hypothèse particulière qui est prévue dans ce texte, qui n'est qu'un rescrit, est celle où il s'agit d'une fille sous puissance, mais que rien n'interdit l'existence du droit de retour pour le cas où il s'agirait d'une fille émancipée.

On atténue l'argument tiré du texte de Pomponius, en interprétant ainsi ce texte ; il s'agit d'une femme mariée qui avait reçu une dot profectice et qui avait été prise par les ennemis ; il y avait doute sur le point de savoir si le droit de retour pouvait être invoqué ; pourquoi y avait-il doute ? Les partisans de l'opinion qui refuse le droit de retour au père d'une fille émancipée disent que la fille était sortie de la puissance paternelle pendant la captivité, et que l'on a décidé cependant en faveur du père, à cause de la fiction de la loi *Cornelia* qui présumait que les prisonniers étaient morts dès le premier moment de la captivité (2). L'époque de l'émanci-

(1) 4, Code, *Soluto matrimonio,* 5, 18.
(2) Voet, Comment., nº 6, *ad Pandectas,* liv. 24, t. 3, note.

pation n'est nullement indiquée par la loi ; et par suite, la supposition que l'on fait n'a aucun fondement.

Quant à la loi 71, Dig., *de evictionibus*, et relativement à *l'unus casus* qui n'est autre que l'existence du droit de retour sur les biens de la fille émancipée, on dit que cet *unus casus* est tout simplement l'hypothèse où le retour a été expressément stipulé, que c'est le cas du retour conventionnel (1) ; cette interprétation est en désaccord avec l'opinion de Paul qui justifie sa solution par l'affection paternelle ; ce motif est incompatible avec toute idée de stipulation expresse.

Ainsi donc, les arguments que l'on oppose doivent être repoussés et l'on doit admettre que l'ascendant donateur peut exercer son droit de retour sur la dot qu'il a donnée à sa fille émancipée. (2)

Tels sont les principes sur lesquels repose le droit de retour, et telle est sa portée d'application ; ce droit existe en faveur des ascendants donateurs et sur les biens donnés par eux à leurs filles, lorsque celles-ci meurent pendant le mariage ; peu importe que ces filles soient restées dans la famille civile de leur père ou qu'elles en soient sorties.

---

(1) Voet, même texte, ce jurisconsulte ajoute : *neque ab hac sententia alienus videtur Fachineus, Controversia*, lib. 3, cap. 71, *in medio*.

(2) Cujas, *ad § Accedit.*, Code, *de Rei uxoriæ*. — Pellat. *Textes sur la Dot*, pages 66 et 67. — Donneau, t. 8, page 201, § 6.

Nous avons dit, au début de ce travail, que les ascendants n'avaient pas à reprendre de biens lorsque leurs fils venaient à décéder. Si, en effet, ces derniers étaient sous la puissance paternelle, ils n'avaient aucun bien en propre; et, s'ils étaient émancipés ou sous la puissance d'un autre, tout lien avec les ascendants étant brisé, ils n'étaient plus comptés comme membres de leur famille. En ce qui concerne les fils restés sous la puissance de leur père, on n'eut jamais, à Rome, à se préoccuper du retour des biens donnés, car les choses que l'ascendant paternel remettait à son fils à un titre quelconque n'étaient pas détenues par celui-ci autrement qu'elles ne l'auraient été par un esclave, et, par suite, lorsque le descendant mourait, les biens donnés par le père revenaient de droit à ce dernier, ou plutôt l'administration seule incombait de nouveau au père puisqu'il n'avait pas cessé d'être propriétaire. Justinien déclare, en termes formels, qu'il n'a jamais voulu changer cet ordre de choses : « *Sancitum etenim a nobis est, ut, si quid*
« *ex re patris ei obveniat, hoc secundum antiquam*
« *observationem totum parenti adquirat; quœ enim*
« *invidia est, quod ex patris occasione profectum*
« *est, hoc ad eum reverti?* (1) »

Quant aux fils émancipés, on n'appliqua pas toujours les conséquences rigoureuses de l'émancipation. Il résulte d'une Constitution de l'empereur

---

(1) *Institutes,* § 1 al. 2, *Per quas personas nobis adquiritur.*

Léon (1) que le père peut reprendre les biens qu'il a donnés à son fils émancipé, si celui-ci meurt sans enfants; mais il faut que le descendant n'ait pas disposé de ses biens par testament : dans ce dernier cas, pour que le retour eut lieu, une stipulation expresse était nécessaire. On avait ainsi fait fléchir les rigueurs du droit en faveur de l'ascendant; c'est la pratique qui avait dû introduire cette solution, car Léon déclare qu'il ne fait que remettre en vigueur ce qui était autrefois admis, mais que l'on paraissait vouloir abandonner.

Il nous reste à rechercher maintenant quels sont les effets de ce droit et à nous demander ensuite s'il n'y a pas d'exception aux règles qui ont été posées.

(1) *Leonis novellæ Constitutiones*, Constit. XXV.

CHAPITRE V

Effets du droit de retour.

———

Le droit de retour repose sur l'intention présumée du donateur et non pas sur une stipulation tacite ; par conséquent, lorsqu'il s'agit de déterminer les effets produits par l'exercice des droits de
l'ascendant, on ne doit pas appliquer les conséquences rigoureuses des stipulations. Il semble cependant que l'on pourrait contester cette assertion
en s'appuyant sur un texte de Pomponius (1) dont
la dernière phrase est celle-ci : « *dicendum est pa-*
« *ciscendo filiam patris conditionem deteriorem*
« *facere non posse eo casu, quo mortua ea in matri-*
« *monio dos ad patrem reversura est.* » Mais il est
aisé de repousser tout argument tiré de ce texte
en faisant remarquer qu'il suppose une fraude
qui a pour but de nuire aux droits du père. On a
toutefois cru trouver dans ce texte la trace d'une

(1) 7, Dig., *de Pactis dotalibus*, 23, 4.

4

prohibition de disposer des biens donnés assez énergique pour permettre de faire tomber les droits réels qui auraient été consentis par les époux. Et l'on a conclu à tort qu'il était impossible d'amoindrir directement les droits du père sur les biens profectices; on a enfin ajouté qu'il est encore moins permis de le faire indirectement en hypothéquant ces biens; ainsi, disait-on, les biens profectices font retour de plein droit sans aucune charge.

A l'appui de ce système, on peut citer encore un texte de Papinien (1) qui dit que, lorsqu'un mari vend le fonds donné en dot, peu importe que l'acheteur sache ou ignore que c'est une dot, la vente ne vaut pas; mais si la femme meurt pendant le mariage et que la dot reste au mari, la vente devra être confirmée; et, dans le même cas, si la dot ne reste pas au mari et si c'est l'ascendant qui est appelé à la reprendre, ne doit-on pas décider que la vente restera sans valeur?

Cette opinion, qui accorde un si grand avantage à l'ascendant donateur, n'est pas acceptée sans contestation, et M. Demangeat (2) établit un autre système : c'est en le prenant pour guide que nous allons tâcher de résoudre la question et d'apprécier la valeur des objections qui peuvent être faites à la solution que nous adopterons.

(1) 42, Dig., *de Usurpationibus*, 41, 3.
(2) Demangeat, *Condition du fonds dotal*, pages 201 et 391.

La loi 7, Dig., *de fundo dotali*, s'énonce ainsi :
« *Fundum dotalem maritus vendidit et tradidit,*
« *si in matrimonio mulier decesserit et dos in lucro*
« *mariti cessit, fundus emptori avelli non potest.* »
Si la femme meurt pendant le mariage et si le
fonds dotal a été vendu par le mari, l'acquéreur ne
sera pas inquiété, si c'est le mari qui conserve
définitivement la dot ; mais qu'arrivera-t-il si le
père se présente pour écarter le mari en invoquant
le droit de retour ? Pourra-t-il se mettre à la place
de sa fille et, en vertu des lois qui étaient édictées
en sa faveur, faire rescinder la vente, évincer les
tiers acquéreurs ? Nous ne le pensons nullement.
Nous rappellerons, d'abord, pour soutenir que le
tiers acquéreur ne saurait être troublé, une règle
formulée par Paul (1) d'après laquelle le fonds
dotal ne peut être aliéné toutes les fois que l'action
de dot compète à la femme ; d'où il suit que dans
tous les autre cas le fonds dotal est aliénable. Or,
ici, l'action de dot ne compète pas à la femme,
mais à l'ascendant qui veut reprendre la dot en
vertu d'un droit qui lui est propre ; donc, le fonds
dotal peut être aliéné. De même que l'inaliénabilité du fonds dotal ne profite pas à un étranger
qui a stipulé expressément un droit de retour, de
même elle ne peut être utile à un ascendant qui
diffère de l'étranger ; car le droit du premier repose sur une présomption vague, tandis que le

(1) 3 § 1, Dig., *de fundo dotali*, 23, 5.

second a manifesté sa volonté dans des termes formels qui doivent, par conséquent, être considérés comme plus respectables.

Ulpien (1) fournit un argument qui concorde avec le précédent; il dit que l'héritier de la femme jouit des mêmes avantages que celle-ci, et cela s'explique facilement; l'héritier est le continuateur de la personne de la femme, il doit être placé dans la même situation que celle-ci; l'ascendant, au contraire, n'est pas le représentant de la femme, il ne vient pas *jure successionis*, il vient en vertu d'un droit qui est né dans sa personne, et, par suite, il ne peut se prévaloir des privilèges qui ont été établis pour protéger une situation différente. Cela est tellement vrai que l'ascendant peut renoncer à la faveur qui lui est accordée (2), ce qui n'est pas permis aux héritiers.

Une Constitution d'Alexandre (3) déclare que le père doit respecter les affranchissements d'esclaves dotaux faits par le mari; cette solution est, en tous points, conforme au système que nous proposons. On a cependant cherché à tirer de ce même texte un argument *a contrario* et à soutenir que le père n'avait pas à respecter les actes de disposition. Il suffit d'énoncer de tels arguments; ils ne sont pas de nature à atteindre des solutions

---

(1) 13 § 3, Dig., *de Fundo dotali*, 23, 5.
(2) 6, Code, *de Pactis conventis*, 5, 14.
(3) 3, Code, *de Jure dotium*, 5, 12.

qui s'appu:ont sur les textes que nous avons précédemment cités.

Nous invoquerons encore, pour prouver que le droit de retour n'opère qu'après la dissolution du mariage et qu'il ne peut réagir sur les actes passés avant cette époque, un texte de Papinien (1) : il y est dit que la volonté du beau-père n'est d'aucun effet en ce qui concerne la vente du fonds dotal; nous en déduirons que la femme peut toujours consentir à l'aliénation du fonds dotal, même si elle est *filia familias*, et qu'elle n'a pas besoin du consentement de son père, même si la dot est profectice. Si le fonds dotal a été aliéné par le mari sans le consentement de sa femme, celle-ci pourra attaquer la vente, ainsi que ses héritiers; mais il n'en sera pas de même du père. Cela est évident, car le père ne doit pas jouir des faveurs qui sont accordées seulement aux héritiers de la femme.

Aussi nous semble-t-il que ce serait exagérer l'importance du droit de retour et modifier son caractère que de lui accorder une étendue assez grande pour lui appliquer les règles de l'inaliénabilité du fonds dotal ; ce système, du reste, ne tient pas compte de la dot mobilière qui, sans doute, n'est pas inaliénable, mais à l'occasion de laquelle le droit de retour existe cependant. Sans doute, les droits du père sont des plus respectables; mais

(1) 12 § 1, Dig., *de Fundo dotali*.

il ne faudrait pas les confondre avec ceux des
femmes mariées ; les lois qui protègent ces deux
classes de personnes s'appuient sur des motifs bien
différents qui empêchent tout rapprochement entre
les solutions. L'inaliénabilité du fonds dotal repose sur des raisons politiques : *reipublicæ interest
mulieres dotes salvas habere propter quas nubere
possunt*. Le droit de retour, au contraire, a pour
fondements des considérations d'intérêt privé ; il a
été organisé pour réparer une situation contraire
à l'équité ; mais il ne faut pas sacrifier tous les intérêts à un seul, par conséquent les faveurs accordées aux ascendants ne doivent pas porter atteinte
à des situations légalement acquises. On présume
en faveur de l'ascendant donateur l'intention d'a-
voir apporté des restrictions à sa donation pour le
cas où sa fille mourrait avant lui, et on lui permet
alors de reprendre les biens donnés ; c'est donc
dans le système de la restitution de la dot, mais
dégagé de l'inaliénabilité, qu'on doit rechercher
les effets du droit de retour, et l'on doit reconnaître que, pendant le mariage, les droits des époux
sur les biens donnés ne sont pas limités en vue
du droit de retour.

Si l'on n'a pas accordé à l'ascendant donateur
les privilèges exorbitants que les lois *Julia* ont établis en faveur des femmes pour assurer la restitution de la dot, on ne l'a pas cependant laissé
désarmé en présence des fraudes qui pouvaient se
commettre pour l'empêcher d'exercer son droit

de retour : les Romains, qui avaient une si haute idée de la puissance paternelle, n'ont pas permis que, par une collusion, les époux pussent enlever au père une partie de ses droits. Ainsi, Ulpien (1) n'admet pas que le père perde la dot, si sa fille divorce dans le but de faire gagner sa dot à son mari, et de façon à priver son père du droit de retour qui lui eut été accordé si elle était morte durant le mariage. Cet expédient pour empêcher le père d'exercer le droit de retour, qui consistait pour la fille à divorcer, afin de laisser l'action en restitution à ses héritiers et non à son père, avait dû être souvent employé; car il n'a pas seulement préoccupé Ulpien. Julien (2) prévoit le même cas, et donne la même solution; il s'appuie sur les témoignages de Sabinus et de Gaius : ce qui démontre que, si, en pratique, on cherchait à empêcher l'ascendant de reprendre les biens donnés, les jurisconsultes étaient cependant unanimes pour faire respecter ses droits.

Les Constitutions de Dioclétien et de Maximien (3) admettent bien que le père peut renoncer à son droit de retour; mais il faut qu'il ait fait lui-même le pacte : toute convention entre les époux n'a aucun effet vis-à-vis du père, ni directement ni indirectement, comme le prouvent les décisionsdes jurisconsultes qui viennent d'être mentionnées.

(1) 5, Dig., *De Divortiis*, 24, 2.
(2) 59, Dig., *Soluto matrimonio.*
(3) 6 et 7, Code, *de Pactis conventis*, 5, 14.

Non seulement dans le cas de divorce, mais encore dans le cas où il était douteux que le mariage existât encore au moment du décès de la femme, on tendait à favoriser le père : ainsi, lorsque la fille a été prise par l'ennemi et est morte en captivité, on peut discuter le point de savoir si le mariage a été dissous au moment où a commencé la captivité, ou bien s'il a duré jusqu'au décès de celle qui a été faite prisonnière ; si le mariage a été dissous lorsque la captivité a commencé, la fille n'est pas morte *constante matrimonio* et le père ne peut exercer le droit de retour ; si le mariage a été dissous par le décès, celle dont la dot est réclamée est morte *constante matrimonio*, et le droit de retour peut être exercé : cette discussion ne doit pas être soulevée, d'après le jurisconsulte Ulpien, et il faut décider *perinde ac si nupta decessisset.* Cette solution et les précédentes montrent bien que le droit de retour était vu avec faveur par les jurisconsultes romains.

La sanction du droit de retour est une action qui est acordée au père ; ce ne peut être que l'action *rei uxoriæ*, car il s'agit d'une restitution de dot ; cela résulte clairement des *Fragmenta Vaticana* (1) qui déclarent que le père *repetere potest.* Cette expression implique une restitution, or l'action *rei uxoriæ* a pour but d'assurer la restitution de la dot.

(1) *Fragmenta vaticana,* 108.

CHAPITRE VI

Influence de l'existence des enfants de la donataire sur le droit de retour.

———

Ulpien (1) dit que le mari retient un cinquième par enfant, si la dot est profectice et doit faire retour au père. Quelle est la base de ce droit de rétention et comment s'exerce-t-il? Le droit de rétention établi au profit du mari a été imposé par le caractère de la dot ; la dot, en effet, a été établie pour subvenir aux charges du ménage ; or, parmi celles qui incombent également aux deux époux, il faut compter, en premier lieu, l'entretien, l'éducation et l'établissement des enfants; si, à la dissolution du mariage par la mort de la femme, il n'y a pás d'enfants issus du mariage, on comprend que la dot soit intégralement restituée par le mari; mais s'il existe des enfants, le mari devra-t-il seul supporter les dépenses qu'ils occasionneront? Ce sont des charges

(1, Ulp., *Reg*. VI, § 4.

qui survivent au mariage et pour lesquelles une indemnité prise sur la dot doit être laissée au mari ;
c'est pour cela qu'a été établi le droit de rétention
d'une partie de la dot, dont l'importance doit être
augmentée en proportion du nombre des enfants.
On a donc tort de repousser cette base de la faveur accordée au mari, en disant que, le mariage
dissous, les charges n'existent plus. Ces charges,
qui se perpétuent après la dissolution du mariage,
ont été reconnues, pour d'autres cas, par les jurisconsultes : Ulpien (1), à propos de la dissolution
du mariage par le divorce, indique une *retentio propter liberos* dans le cas où le divorce a eu lieu par
la faute de la femme ou de son père. Cette *retentio*
est du sixième des biens apportés en dot par la
femme, mais elle ne peut jamais excéder les trois
sixièmes : on ne doit pas la confondre avec celle
qui nous occupe.

Comment s'exerce la *retentio* accordée au mari
dans le cas où la dot doit retourner au père ? Le
texte d'Ulpien qui prévoit ce cas, a donné lieu à
plusieurs interprétations que nous allons successivement examiner ; le jurisconsulte s'exprime en
ces termes : « *mortua in matrimonio muliere dos
« a patre profecta ad patrem revertitur, quintis in
« singulos liberos in infinitum relictis penes vi-
« rum.* » Quelle est la portée de l'expression *in
infinitum* ? C'est sur ce point que porte le débat.

(1) Ulp., *Reg.* VI, § 10.

On pourra constater que la plupart des systèmes sont nés de cette préoccupation des commentateurs, que, si on accordait un cinquième de la totalité de la dot par enfant, la dot serait épuisée
quand il y aurait cinq enfants.

Cujas (1), en présence de ce résultat que
s'il y a six enfants, le mari ne pourra plus retenir
de cinquième pour le sixième enfant, a cherché
une solution dans laquelle on pourrait accorder un
cinquième par enfant, quel que fût le nombre des
enfants ; pour atteindre ce but, il s'est rappelé
la quarte qui doit être laissée à chaque enfant pour
éviter qu'il intente la *querela inofficiosi testamenti*,
et alors il a dit que le mari pourra retenir, par
enfant, le cinquième de ce que celui-ci aurait eu
si la dot était restée dans les biens de celui qui la
lui aurait transmise : ainsi, s'il n'y a qu'un enfant,
le mari retiendra le cinquième du tout ; s'il y a
deux enfants, chaque enfant aurait eu la moitié du
tout, alors le mari retient le cinquième de chaque
moitié, un dixième du tout par enfant, pour les
deux enfants, deux dixièmes du tout ou un cinquième ; donc, quel que soit le nombre des enfants,
leur père ne peut retenir que le cinquième de la
dot. Cette explication ne peut satisfaire, car elle
est en contradiction avec les termes du texte qui
parlent de plusieurs cinquièmes, dont le nombre
dépend de celui des enfants.

(1) Cujas, *Commentarius in tit. XIII de rei uxoriœ, lib. V,*
Code *ad § Illo procul dubio.*

Pothier (1) a proposé un autre système, dans lequel le chiffre de la portion de dot retenue change suivant le nombre des enfants. Si un enfant survit, le mari retient le cinquième de la dot ; s'il y a deux enfants, le mari retient d'abord le cinquième de la dot, puis le cinquième de ce qui reste, et ainsi de suite suivant le nombre des enfants ; on peut ainsi prendre à l'infini, *in infinitum*, comme dit le texte, le cinquième de ce qui reste. Ce système semble très bien expliquer l'expression *in infinitum*, mais je ne pense pas que les jurisconsultes Romains aient songé à un semblable calcul, qu'on ne retrouve à propos d'aucune autre question dans les ouvrages juridiques romains, et, si Ulpien avait indiqué un mode de compter à ce point inusité, il eut assurément donné à sa proposition des développements suffisants.

Aussi est-il préférable de se rattacher au système qui vient le plus naturellement à l'esprit ; le mari retiendra autant de cinquièmes qu'il y aura d'enfants ; s'il y a deux enfants, le mari retiendra deux cinquièmes du tout ; s'il y a cinq enfants, il gardera toute la dot, et, quel que soit le nombre des enfants au-dessus de cinq, il conservera toujours et seulement la totalité de la dot : *in infinitum* signifie donc qu'on retiendra un cinquième par enfant à l'infini, c'est-à-dire jusqu'au complet épui-

(1) Pothi r, Pandectes, *Soluto matrimonio*, 1re Partie, Sect. 1, Note 2.

sement de la dot. Cet *in infinitum* est mis en opposition avec le texte du § 10 du même titre des
règles d'Ulpien, dans lequel il est dit que le mari
garde un sixième par enfant, dans le cas de divorce causé par la faute de la femme; mais le
nombre de sixièmes ne peut absorber plus de la
moitié de la dot. Cette différence se justifie si l'on
se souvient de l'esprit qui a animé les Romains lorsqu'ils ont organisé la restitution de la dot; quand la
femme vivait, ils ont favorisé cette restitution pour
assurer un second mariage; aussi, dans le cas de
divorce, la femme pouvant se remarier, ils n'ont
pas voulu la dépouiller complètement, et ils lui
ont laissé une partie de la dot; dans le cas de retour, au contraire, la femme étant décédée, on permet au mari de garder toute la dot. Telles sont
les modifications apportées à l'exercice du droit
de retour dans le cas où la femme, qui a été dotée
par son père, laisse des enfants à son décès.

Il est probable que les jurisconsultes firent peu
de cas de ces *retentiones*, on n'en trouve nulle part
la trace, si ce n'est dans le texte que nous avons
cité. Au Code, Justinien en parle pour les supprimer (1) : « *taceat*, dit-il, *ea retentionum verbo-*
« *sitas... sileat ob liberos retentio cum ipse naturalis*
« *stimulus parentes ad liberorum suorum educatio-*
« *nem hortetur.* » Par suite, la dot dut revenir en
totalité à l'ascendant donateur, même s'il survivait

---

(1) 1 § 5, Code, *de rei uxoriæ actione*, 5, 13.

des enfants du mariage, et le mari ne conservait rien à titre d'indemnité pour l'aider à subvenir aux charges du ménage qui lui incombaient même après la dissolution du mariage. Aussi l'on pourrait se demander si, la *retentio* n'existant plus, le père ne garda pas toute la dot dans le cas où il restait des enfants ; on a cru pouvoir le soutenir en s'appuyant sur un texte de Scœvola (1). Ce texte a trait à une femme qui meurt laissant un fils, et il y est dit en parlant du mari : « *apud quem dos remansisset* » ; il semble en résulter, par conséquent, que la dot reste au mari si un enfant survit ; mais cette explication ne peut être admise à l'époque de Scœvola; et, pour comprendre le texte, il faut supposer que la dot reste au mari parce qu'elle est adventice. On a ajouté un argument *a contrario*, tiré d'un texte de Paul qui dit que la dot revient au père, *mortua in matrimonio puella* (2). *Puella* signifierait femme qui n'a pas eu d'enfants ; donc, dit-on, si elle a eu des enfants, la dot ne revient pas à son père. Cet argument *a contrario* est sans autorité pour appuyer une solution qui ne paraît pas concorder avec la Constitution de Justinien ; aussi faut-il reconnaître que Justinien supprima les *retentiones*, et que, par suite, l'ascendant reprit toute la dot : le mari n'eut d'autres ressources que les siennes pour entretenir

(1) 18 § 1, Dig., *ut legatorum*, 36, 3.
(2) 17, Dig., *de Senatus consulto Macedoniano*, 14, 6.

et élever ses enfants après la dissolution du mariage par la mort de sa femme. C'est là une application rigoureuse de la loi *jure succursum* et de la présomption de retour (1).

Mais on peut se demander ce qui advenait, lorsque la *retentio* était admise, si les enfants ou l'un des enfants qui avaient empêché la restitution intégrale de la dot venaient à mourir après leur mère sans laisser d'enfants : l'ascendant donateur qui n'a pu exercer le retour légal en entier, peut-il maintenant l'exercer? Nous ne le pensons pas; aucun texte ne règle la matière, et, du reste, les principes généraux suffisent pour résoudre la difficulté; à la mort de la femme, le droit de retour est établi et il doit être maintenu tel qu'il existe à ce moment : or, si une *rententio* est opérée, cette *retentio* a lieu d'une manière définitive; et, à la mort de l'enfant, on devra décider que le père conserve ce qu'il a déjà retenu.

(1) Muhlenbruck, *Doctrina Pandectarum*, § 532; Voet, comment. *ad Pandectas*,24, 3, n.7; Pérezius, *soluto matrimonio*, 5.

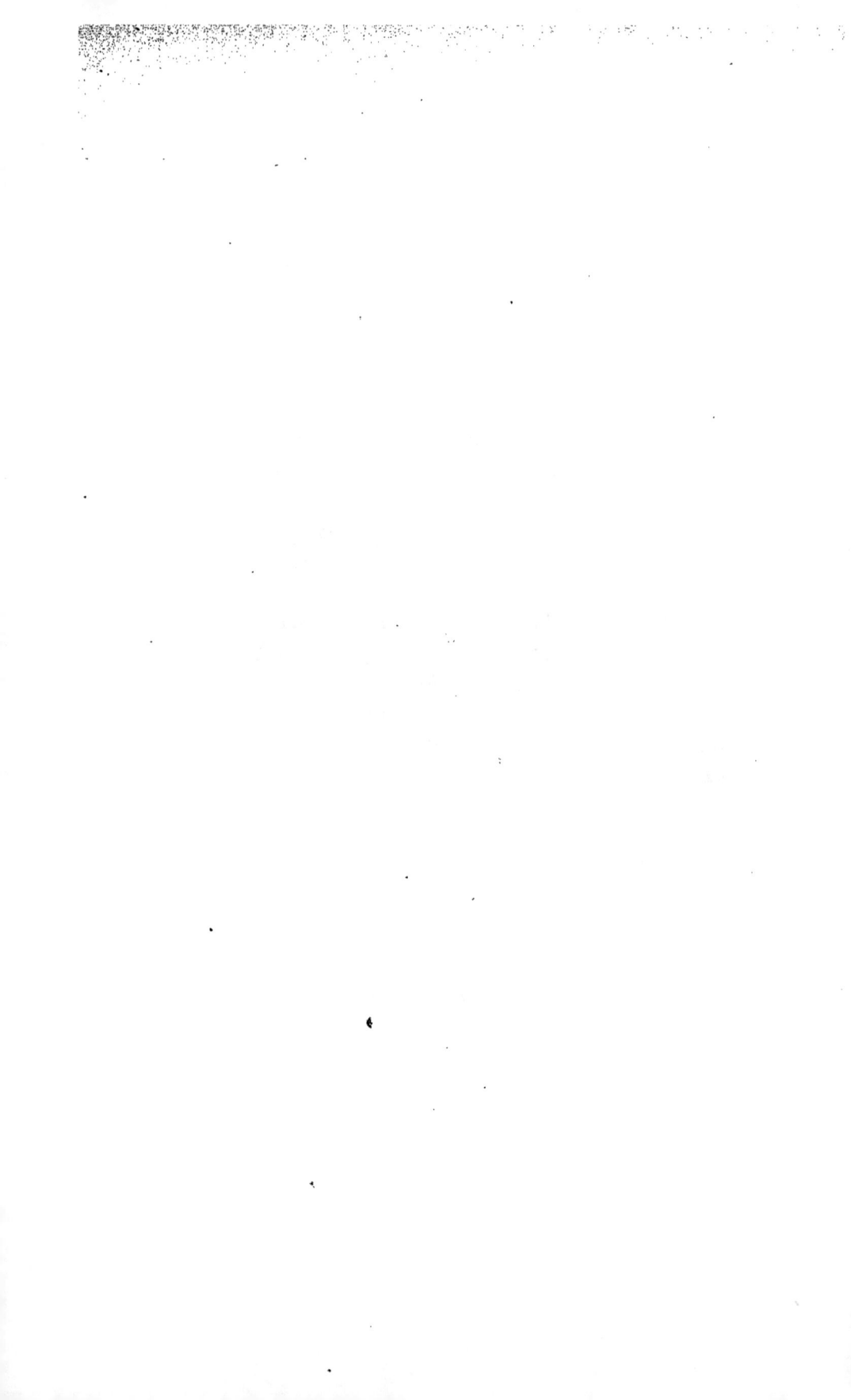

II

ANCIENNE LÉGISLATION

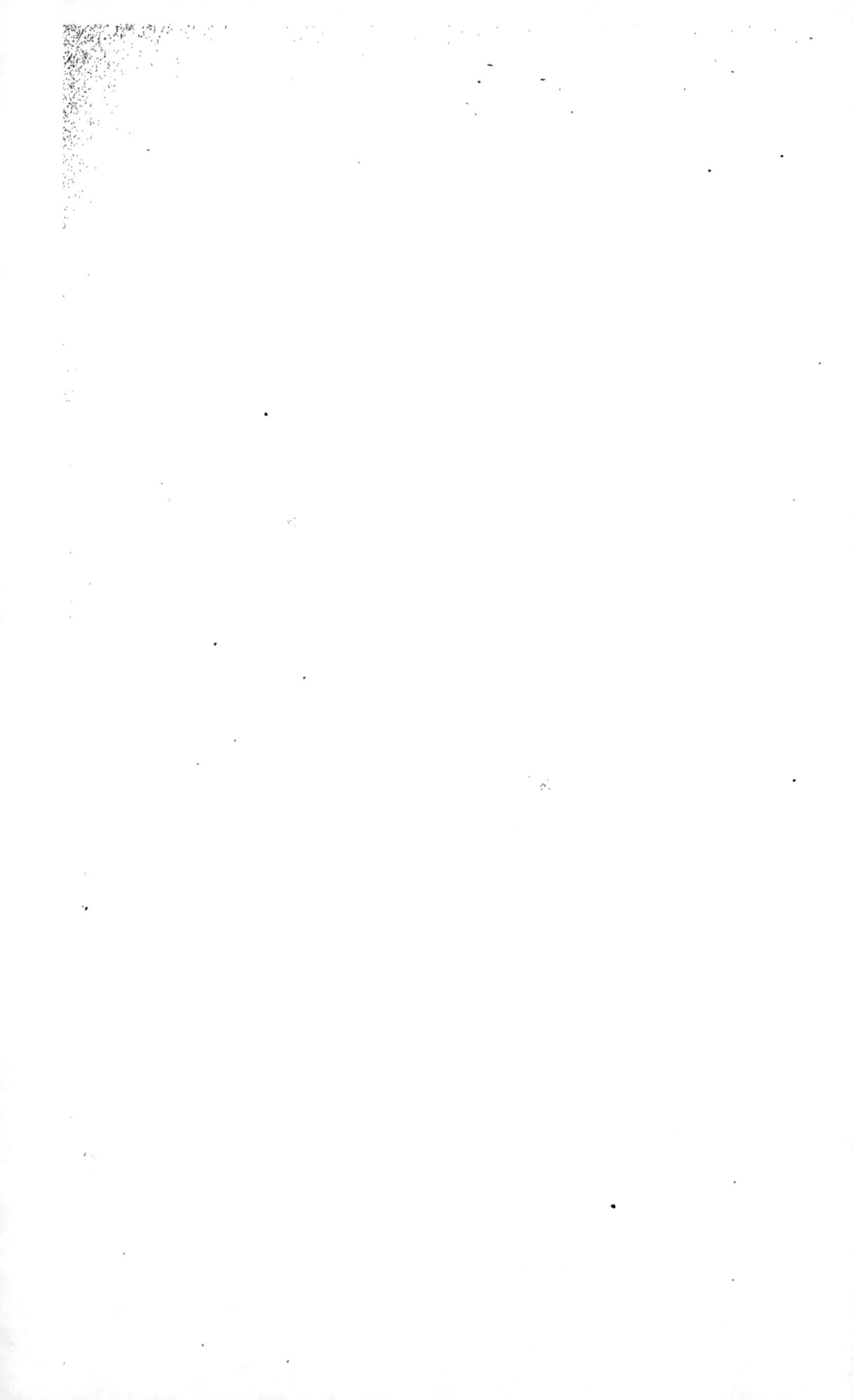

II

ANCIENNE LÉGISLATION

Nous venons d'exposer qu'en Droit romain, le droit de retour, une fois admis, fut toujours envisagé de la même manière. Il reposait sur une intention présumée, et avait pour but de favoriser les ascendants paternels donateurs ; ces deux caractères ne changèrent pas et subsistèrent, sans perdre de leur vigueur, jusque dans les Constitutions impériales.

Sous l'empire de notre ancienne législation, nous ne retrouvons plus la même uniformité d'opinions et de doctrines ; les droits accordés à l'ascendant donateur furent différents suivant les temps : tel système qui fut d'abord en faveur, disparut ensuite pour reparaître de nouveau plus tard. Ils différèrent aussi suivant les lieux ; et nous

retrouvons ici la grande distinction qui ne cessa
d'exister entre les pays de Coutumes et ceux de
Droit écrit. Ces derniers, fidèles à la tradition romaine, se bornèrent à l'étendre, à la compléter et
à la modifier suivant les mœurs et les besoins de
ceux qui devaient vivre sous son empire. Dans les
pays de Coutumes, au contraire, nous sommes en
présence de grandes variations dans la doctrine
et dans la jurisprudence; aussi serons-nous obligés
de suivre pas à pas l'histoire de notre Droit pour
y retrouver les différents systèmes qui furent successivement adoptés en cette matière. Nous aurons
notamment à étudier la règle « propres ne remontent point », et les diverses interprétations qui lui
furent données par nos jurisconsultes coutumiers.
Ces études nous conduiront jusqu'au dernier état
de notre ancienne législation, dans lequel se trouve
l'origine de l'article 747. civ.

Ainsi donc, il convient tout d'abord de rechercher ce que sont devenues dans l'ancien Droit les
règles du Droit romain et d'examiner ensuite si
l'invasion germanique n'a pas introduit en Gaule
un principe de solution différent; ce principe trouvé,
nous en constaterons l'application et les conséquences jusqu'à la rédaction du Code civil.

DROIT ÉCRIT

Bien que, dans le sujet que nous étudions, le Droit écrit soit moins important que le Droit coutumier, il doit cependant être étudié le premier parce qu'il fait suite au Droit romain, dont il est en quelque sorte le corollaire. Pour exposer l'état du Droit dans les pays situés au-dessous de la Loire, il suffira d'indiquer les points de la législation romaine qui ont été modifiés ; si l'on constate que, dans cet exposé, certaines questions ont été passées sous silence, c'est qu'elles étaient résolues dans notre ancien Droit comme elles l'étaient à Rome et qu'il était inutile de les développer de nouveau.

PREMIÈRE SECTION

EN FAVEUR DE QUELLES PERSONNES EXISTE LE DROIT DE RETOUR ?

L'ascendant paternel exerce son droit de retour sur les biens qu'il a donnés ; il n'y a plus de controverse sur le point de savoir si le droit de

retour existe sur la dot d'une fille émancipée, l'affirmative n'est pas mise en doute. Mais, bien que
la mère et les ascendants maternels fussent appelés
à jouir des mêmes faveurs que les ascendants paternels, on se demandait, cependant, si le droit qui
leur était accordé avait son origine dans le Droit
romain, ou s'il avait été introduit seulement par
l'usage et par grâce. Nous avons déjà constaté
qu'en Droit romain la mère et les ascendants maternels ne purent jamais invoquer la loi *Jure succursum* ; c'était l'opinion qui dominait dans les
pays de Droit écrit (1). Cette question d'origine
avait du reste fort peu d'importance au point de
vue pratique, car la jurisprudence unanime des
Parlements se prononçait en faveur des ascendants
maternels (2).

Dans notre ancienne législation, la parenté naturelle produisant certains effets, on fut amené à
se demander si l'ascendant naturel donateur
pouvait exercer le droit de retour. Bretonnier et
Henrys essayèrent de faire prévaloir les droits
du père naturel en disant qu'on ne devait pas le
mettre trop à l'écart, puisqu'il avait été d'autant
plus libéral qu'il ne devait rien au point de vue de
la loi, l'obligation de doter ne lui étant nullement
imposée. On citait à l'appui de cette opinion divers

(1) *Sic*, Catelan, Larocheflavin, Automne, Boniface, Merlin, v° Réversion. *Contrà*, La Rouvière, *Traité du Droit de
retour*, liv. I, ch. IV, et le Parlement de Grenoble.

(2) Lebrun, *Successions*, liv. I, ch. V, sect. II, 19.

textes du Droit romain et notamment un fragment
d'Ulpien (1) qui dit : « *non jus potestatis sed pa-*
« *rentis nomen dotem profectitiam facit.* » Ce texte
permet de soutenir que le père peut exercer un
droit de retour sur les biens qu'il a donnés à sa
fille émancipée. La situation n'étant pas identique,
la solution proposée fut repoussée par la majorité
des jurisconsultes des pays de Droit écrit, Maynard,
Cambolas, Ferreirus, Despeisses qui ont soutenu
que le lien qui existait entre le père et son descendant naturel ne permettait pas de faire admettre
le droit de réversion en faveur du premier. Cette
opinion triompha, parce qu'elle était conforme
au droit et aux idées de l'époque. Aux idées,
parce que les bâtards étaient vus d'un très-mau-
vais œil à cette époque. Au droit, parce qu'on
faisait remarquer qu'il y avait une corrélation entre la puissance paternelle et le droit de retour, et que la puissance paternelle n'existait pas en
faveur du père naturel ; d'autres motifs venaient
s'y joindre : on faisait remarquer que la réversion
était déjà envisagée à cette époque comme un avancement d'hoirie et que cette considération devait
être repoussée en ce qui concernait les enfants naturels qui étaient écartés des successions. La jurisprudence était, avec raison, fixée dans ce dernier
sens ; on peut citer entr'autres, d'après Lebrun, (2)

---

(1) 5 § 11, Dig., *de Jure dotium.*
(2) Lebrun, *Successions,* liv. I, chap. v, sect. II, 13.

un arrêt du 7 septembre 1584 qui préféra le fisc au père naturel (1).

On voulut étendre le droit de retour même aux collatéraux ; le Parlement de Toulouse entra dans cette voie : il ne fut pas généralement suivi. Quelques Coutumes, peu nombreuses du reste, admirent une solution conforme, mais l'étude de cette question serait en dehors des limites de notre sujet.

SECTION II

BIENS SOUMIS AU DROIT DE RETOUR

Ce ne sont pas seulement les biens constitués en dot qui sont sujets à la réversion, ce sont encore tous ceux qui font l'objet d'une donation directe ou même indirecte ; ainsi la renonciation à un droit faite par un ascendant au profit d'un descendant peut être considérée comme un titre suffisant pour donner naissance au droit de retour. On s'est même demandé si celui qui avait fait une donation rémunératoire pouvait, le cas échéant, la reprendre en s'appuyant sur le droit de retour. La question fut portée le 20 Juin 1630 devant le Parlement de

(1) Voir, sur cette question, Lebrun, *Successions*, liv. I, chap. v, section II, 7 et suivants. — Roussilhe, *Traité de la Dot*, page 541.

Toulouse qui se prononça contre le donateur ; d'Olive propose cependant une distinction et pense que si le caractère rénumératoire ne domine pas, il faut admettre l'existence d'un droit de retour.

SECTION III

DANS QUELLES CIRCONSTANCES S'OUVRE LE DROIT DE RETOUR ?

Il faut que le descendant donataire soit mort sans enfants; le retour, en effet, s'applique sans discussion aux biens donnés soit au fils, soit à la fille, soit même aux petits-enfants ; mais les Docteurs de l'Ecole de Bologne, Martin et Bulgare, discutèrent la question de savoir si l'existence des enfants empêchait l'exercice du droit de retour : l'opinion de Martin, qui n'admettait les ascendants à invoquer le droit de retour que si le donataire mourait sans postérité, prévalut dans les pays de Droit écrit et fut même officiellement adoptée par l'édit de Provence de 1456.

Pour que l'existence des enfants fasse obstacle au droit de retour, ils doivent être issus du mariage en faveur duquel la donation a été faite : ainsi l'existence d'enfants nés d'un premier lit n'empêche pas la réversion de la donation faite en fa-

veur d'un second mariage. Ce point avait fait doute
cependant, parce que, disait-on, s'il y a des enfants
nés des deux mariages, ils viendront en concours
tant sur la donation faite en faveur du premier mariage que sur celle faite en faveur du second ; mais
cette raison n'est pas suffisante. On ne peut pas
dire que les enfants du premier lit soient compris
dans la seconde donation ; aussi le Parlement de
Toulouse a, dans ce cas, admis l'existence du droit
de retour (5 Juillet 1532) (1).

D'autres controverses furent ensuite soulevées
et ont amené de longues discussions; quelques-unes
d'entre elles ont reparu sous l'empire du Code Civil; il sera utile de les traiter au point de vue
de cette législation, mais il est bon cependant de
rechercher comment elles ont été envisagées et
résolues dans les pays de Droit écrit; les solutions
peuvent être les mêmes que celles qui sont généralement admises aujourd'hui, mais les principes
qui leur ont servi de base seront peut-être différents.

L'hypothèse suivante a vivement préoccupé
nos anciens jurisconsultes ; nous verrons plus tard
qu'elle a aussi préoccupé les premiers commentateurs du Code Civil. On suppose que le donataire
meurt en laissant des descendants; ces enfants
meurent ensuite sans laisser eux-mêmes d'enfants,
mais avant le donateur. On se demande si le droit

(1) Lebrun, *Successions*, liv. I, ch. v, sect. II, 26. Roussilhe, *Traité de la Dot*, page 540.

de retour va prendre naissance au profit de ce
dernier. Certains jurisconsultes, fidèles aux tradi-
tions du Droit romain, dirent que la loi n'accordait
au père la réversion que pour le consoler de la
perte de sa fille; mais que, si les biens sont passés
à ses petits-fils, il a vu ces biens suivre leur cours
naturel de dévolution et que, par suite, il ne peut
les reprendre si loin. Les partisans de cette opinion déclaraient qu'elle était favorisée par l'édit
de Provence : et deux arrêts du Parlement d'Aix
du 23 novembre 1609 et du 10 mai 1635, ainsi
qu'un arrêt du Parlement de Grenoble du 26 août
1633, se rattachèrent à cette manière de voir.
Mais d'autres jurisconsultes soutinrent, au contraire, que l'équité voulait que l'on se prononçât
en faveur de l'aïeul ; celui-ci, en effet, a éprouvé
une double perte, et ce n'est pas là un motif pour
le traiter plus rigoureusement; il faut le mettre
dans la situation où il aurait été si les petits-fils
étaient décédés avant le donataire. Les Parlements
de Toulouse et de Bordeaux se prononcèrent dans
ce dernier sens; ils furent suivis par le Parlement
de Paris, en ce qui concernait les pays de Droit
écrit de son ressort. Cette jurisprudence fit hésiter
le parlement d'Aix qui, saisi de nouveau de la
question en 1638, craignit de se prononcer et
renvoya les parties devant le roi. Lebrun (1)

(1) Lebrun *Successions*, liv. I, chap. v, sect. II, 32, 33, 34.
Voir Roussilhe, *Traité de la Dot*, pages 532 et 533.

approuve cette solution, mais son avis ne semble
pas être partagé par Merlin (1). Si la première
opinion est plus rigoureusement conforme aux
principes admis en Droit romain, la seconde paraît
plus équitable.

La question ainsi résolue quant aux ascendants
paternels, il semble que l'on devait admettre la
même solution quant à la mère ; cependant la controverse fut de nouveau soulevée à l'occasion de
l'édit de Provence par ceux qui trouvaient dans
cet édit la preuve de l'exclusion du donateur si
les biens avaient une fois souché, suivant l'expression alors employée. On disait : si l'exclusion du
donateur est une application des règles du Droit
commun, la mère doit alors être mise au même
rang que le père ; si, au contraire, c'est une solution exceptionnelle, elle doit être restreinte dans
son application, et l'on doit décider que la mère
peut exercer le droit de retour dans un cas où le
père ne le peut pas : on en arrive ainsi à cette
solution vraiment extraordinaire, d'après laquelle
la mère se trouverait plus favorisée que le père à
l'occasion d'un droit qui n'avait été créé que pour
ce dernier et qui devait être étendu plus tard
seulement à la mère. De là, une controverse qui
persista aussi longtemps que dura notre ancienne
législation. Du reste, dans cette hypothèse, les
Parlements n'accordèrent jamais au père, d'une

(1) Merlin, v° Réversion.

manière constante, le droit de retour ; seul le Parlement de Toulouse se prononça toujours en faveur de l'ascendant paternel.

En règle générale, c'est par le prédécès du donataire sans postérité que s'ouvre le droit de retour ; il est un cas cependant où, du vivant du donataire, le donateur peut exercer son droit : c'est lorsque la confiscation des biens du donataire est prononcée. Tous les auteurs qui ont traité cette question déclarent que, dans les pays de Droit écrit, la confiscation donne lieu à ouverture du droit de retour (1). Un arrêt du Parlement de Toulouse, du 8 juin 1575, déclare que l'ascendant donateur exerçait dans ce cas son droit, même à l'encontre du fisc (2). Cette solution fut appliquée, d'une matière constante, sous l'empire de notre ancienne législation et fut même reconnue exacte en Droit par un arrêt de la Cour de Cassation qui alla même plus loin et décida (3) que, lorsque le donataire était frappé de mort civile avec confiscation de biens, le droit de retour s'ouvrait au profit de l'ascendant donateur, même si le donataire avait laissé des enfants.

(1 et 2) Lebrun, *Successions*, liv. I, chap. v, sect. II, 68. Roussilhe, *Traité de la Dot*, page 536. Merlin, vᵒ Réversion.

(3) Cassation, rejet, 13 messidor an XIII, Dalloz, *Successions*, 217.

SECTION IV

EFFETS DU DROIT DE RETOUR

Le droit de retour repose, en Droit écrit, comme en Droit romain du reste, sur une intention présumée : mais on tendit à lui donner la force d'une stipulation et à le rendre plus énergique qu'en Droit romain quant à ses effets ; nous trouvons sur ce point les affirmations les plus explicites de la part des jurisconsultes. Furgole (1) dit : « le retour est « fondé sur une stipulation tacite inhérente à la do- « nation..., et les biens reviennent de plein droit : « *Jure quodam postliminii* : » Lebrun dit que, dans les pays de Droit écrit, le droit de retour a pour fondement la loi *Jure Succursum.* Mais si l'on fut d'accord sur le principe, on se divisa sur son application, et la jurisprudence elle-même hésita beaucoup à se prononcer définitivement dans un sens.

Les jurisconsultes des pays de Droit écrit, considérant que le droit de retour avait pour but de favoriser le père en détruisant la donation par lui faite à son descendant, en arrivèrent à faire pro-

(1) Furgole, Quest. 42, Ord. de 1731.

duire à l'exercice de ce droit l'effet d'une véritable condition résolutoire qui faisait rentrer les biens donnés dans le patrimoine de l'ascendant libres de toutes charges imposées par le donataire. Ce fut le système adopté par la majorité des Parlements du midi de la France, de ceux de Toulouse, Bordeaux et Grenoble : les biens revenaient à l'ascendant libres de toute charge ou hypothèque ; si des dispositions avaient été faites soit par acte entre vifs, soit par acte testamentaire, soit à titre onéreux, soit à titre gratuit, elles étaient résolues et l'ascendant était de nouveau investi du droit de propriété dans les conditions où se trouvait ce droit au moment de la donation (1).

Cette jurisprudence était combattue par Lebrun qui s'exprimait ainsi (2) : « Il semble que l'usage du
« pays de Droit écrit est trop désavantageux au do-
« nataire, parce qu'il lui lie les mains, et l'empêche
« de pouvoir commercer des choses données.......
« Tout ce que produit l'usage des pays de Droit écrit
« consiste à diminuer en faveur du donateur et
« contre l'intérêt du donataire l'effet d'une donation
« qui est absolue et sans aucune condition, à réduire,
« dans le cas qu'il n'y ait point d'enfants, une dona-
« tion qui est de la pleine propriété à un simple usu-
« fruit, enfin à interdire le donataire, ou, au moins,
« frustrer les légitimes créanciers de leur dû, par la

(1) Roussilhe, *Traité de la Dot*, page 531.
(2) Lebrun, *Successions*, t. I, chap. v, sect. II, 70.

seule raison qu'il n'a point d'enfants ». Malgré ces
attaques, la jurisprudence ne changea point; car
elle était approuvée par de puissantes autorités,
entr'autres par le Premier Président Lamoignon
qui proposait de la consacrer ainsi : « Les biens
« donnés retourneront au père, francs et quittes de
« toutes charges et hypothèques qui ont été imposées
« par le donataire et les aliénations par lui faites
« demeureront révoquées en faveur du donateur.»(1)

Le Parlement de Paris, dont le ressort s'étendait
à certains pays qui vivaient sous l'empire du
Droit écrit, eut à se prononcer sur la question que
nous venons d'examiner ; mais comme il subissait
les influences Coutumières, il n'osa suivre l'opinion
des Parlements du Midi et il décidait que le donataire
pouvait aliéner valablement les biens donnés et que
les dispositions devaient être maintenues, même si
elles étaient faites à titre gratuit.

Entre ces deux jurisprudences si opposées, nous
trouvons celle du Parlement de Provence qui
semble concilier tous les intérêts. Elle maintient les
dispositions à titre onéreux, mais elle fait tomber
celles à titre gratuit ; on comprend que l'on per-
mette au donataire de disposer de ses biens ou de
les grever de charges, afin qu'il puisse se procurer
des ressources qui seront pour lui d'une plus grande
utilité, mais admettre que le donataire puisse préférer une autre personne au donateur qui est en

(1) Lamoignon, *Arrêtés*, art. 61.

même temps son ascendant, ce serait autoriser l'ingratitude. Cette jurisprudence fut approuvée par certains jurisconsultes, entre autres Boniface, Mourgues, La Rouvière.

C'est ainsi que le Droit romain fut appliqué dans les pays de Droit écrit. Le Droit coutumier reconnut bien les droits de l'ascendant donateur, mais c'est sur un autre terrain qu'il se plaça pour en réglementer l'exercice.

DROIT COUTUMIER

Si, dans les pays de Droit écrit, la législation romaine fut seule appliquée, nous trouvons, au contraire, dans le nord de la France, des règles qui ont été empruntées à une autre législation importée par les bandes germaniques qui avaient conquis la Gaule. En effet, lorsqu'après l'avoir envahie, les Francs s'y furent établis, ils y conservèrent leurs mœurs et leurs institutions : aussi retrouvons-nous dans les plus anciennes lois de ces peuples les traces et la source des institutions qui ont régi les pays situés au-dessus de la Loire, ceux que les conquérants avaient surtout occupés. Par suite, il est nécessaire, pour étudier avec fruit notre Droit actuel, d'aller chercher jusque dans les lois germaniques l'origine des dispositions législatives qui sont actuellement en vigueur. Ces recherches ont la même importance que celles que l'on fait dans le Droit romain, car bien que différant entre elles, ces deux législations ont cependant des points d'analogie et il est souvent difficile de savoir à laquelle des deux on doit plus spécialement rattacher les dispositions de notre Code Civil.

Plus particulièrement en ce qui concerne les droits des ascendants sur les biens qu'ils ont donnés à leurs descendants, nous avons à nous demander s'il n'y a pas dans la législation germanique des règles dans lesquelles on puisse trouver l'origine des dispositions du Code Civil sur la matière, et qui par suite en facilitent l'explication. Les premières recherches faites sur cette question ont pour résultat de nous faire constater que, dans les pays de Coutumes, tous les biens d'une personne, même ceux qui provenaient des libéralités d'un ascendant, étaient dévolus suivant l'ordre successoral réglé par la Coutume, et que la convention tacite présumée était complètement écartée ; de sorte qu'il y a lieu de se demander si les parents ne viennent qu'à leur rang, même s'ils sont donateurs, et si, par suite, l'injustice que l'on avait voulu éviter à Rome, avait existé là où le Droit romain n'était pas appliqué. Nous en arriverons à reconnaître que, dans le vieux Droit français, malgré l'absence de dispositions spéciales ou de présomptions, les ascendants ne se trouvèrent jamais injustement écartés, parce que la réglementation des ordres de succession était telle que ceux-ci étaient appelés toutes les fois que les convenances l'exigeaient. Mais le droit que les Coutumes et les anciennes lois accordaient aux ascendants fut méconnu et discuté surtout par ceux qui voulaient faire prévaloir le Droit romain; il y eut alors de nombreuses variations d'opinions dont les traces ne s'effacèrent pas complètement et qui eurent pour conséquence d'amener la formation d'une théorie qui a emprunté ses éléments à la législation coutumière et à la législation romaine; nous constaterons cependant que l'une des deux exerça une influence plus considérable: c'est celle que nous allons étudier maintenant.

Cet aperçu fait pressentir le plan que nous croyons devoir adopter pour exposer les principes de la législation coutumière en cette matière. Une double étude doit être faite: il est bon, d'abord, d'examiner les controverses qui se sont élevées sur le point de savoir si les ascendants sont appelés dans la succession de leurs enfants et à quel titre ils y sont appelés; et, en second lieu, lorsque leurs droits furent reconnus, il faut se demander comment ils purent être exercés.

CHAPITRE I

**Origine du droit de succession des ascen-
dants. — Diverses interprétations qui furent données successivement à la règle ·
« Propre ne remonte pas. »**

———

Lorsqu'une personne venait à mourir sans
enfants, la loi Salique nous dit que sa succession
était dévolue à ses père et mère : « *Si quis homo*
« *mortuus fuerit, et filios non dimiserit, si pater*
« *aut mater superfuerint, ipsi in hæreditate suc-*
« *cedant* (1). » Ce texte est formel et ne peut
soulever de doutes; les premiers appelés à défaut
de descendants sont les père et mère, s'ils sont
survivants. Mais les peuples germaniques se préoc-
cupaient beaucoup, dans leurs lois, de l'origine des

(1) Loi salique, titre LXII, *de Alode*, I.

biens; aussi trouvons-nous dans le même titre un
complément de la première disposition : « *et postea*
« *sic de illis generationibus, quicumque proximior*
« *fuerit, ipsi in hereditate succedant, qui ex pa-*
« *terno genere veniunt* (1). » Les plus proches de
chaque ligne sont appelés, dit le texte que nous
venons de citer ; ils succèdent aux biens qui viennent de leur ligne. D'un autre côté, les ascendants
sont appelés les premiers. De la réunion de ces
propositions, il résulte que, dans le cas qui nous
occupe, c'est-à-dire si le descendant a reçu des libéralités de ses ascendants, c'était par droit de succession purement et simplement que les père et
mère venaient recueillir les biens qui se trouvaient dans le patrimoine de leur descendant prédécédé sans postérité. En effet, l'ascendant, dans
la loi Salique, recueille, à titre d'héritier, les
biens de son descendant ; mais il devait reprendre
plus spécialement ceux qui étaient advenus à ce
dernier de son côté et ligne, et *a fortiori* ceux qu'il
avait donnés lui-même. Telle est l'origine du droit
de retour dans notre France coutumière : elle repose sur l'application rigoureuse et exacte des
principes en matière de succession, et, par suite,
on a dû, pour résoudre les difficultés qui se sont
présentées dans la pratique, s'appuyer sur des
règles différentes de celles que l'on invoquait en
Droit écrit. Dans les pays soumis à ce droit, on

---

(1) Loi salique. *Hoc titulo,* v.

appliquait les conséquences rigoureuses d'une sorte de condition résolutoire; dans les pays de Coutumes, au contraire, durant la vie du donataire, rien ne venait limiter ses droits sur les biens donnés; seule sa mort sans enfants donnait ouverture à un droit qui naissait à ce moment et dont l'effet ne pouvait atteindre le passé.

Cette disposition que nous trouvons dans la loi Salique, ne se retrouve pas dans les autres lois germaniques; mais les mêmes usages existaient probablement sur ce point dans toutes les peuplades qui envahirent la Gaule, puisque nous allons constater qu'ils existaient dans tous les pays de Coutumes. Ils ont donc toujours été admis d'une manière générale.

Cette règle, par suite de laquelle les ascendants étaient appelés, en vertu d'un droit de succession, à recueillir les biens qu'ils avaient donnés à leurs enfants dans le cas où ceux-ci étaient décédés sans postérité, fut longtemps appliquée dans tous les pays de Coutumes. Divers monuments du Droit français témoignent que jusqu'au XIII⁰ siècle, aucun changement ne s'est opéré dans la législation sur le point que nous étudions. Il résulte du Recueil des Olim et du Conseil de De Fontaines, que la théorie et la pratique étaient d'accord pour reconnaître aux ascendants un droit sur les biens donnés et que ce droit était un droit de succession.

Jusqu'au XIII⁰ siècle, l'usage qui dérivait de la loi Salique dut être appliqué sans difficulté, car

nous ne trouvons dans cette période aucun texte
sur ce point. A cette époque, la Jurisprudence et
la Doctrine continuèrent à appliquer la solution
qui remontait jusqu'à la loi Salique ; mais il est
aisé de comprendre qu'à la fin de ce siècle déjà
on commençait à battre en brèche, théoriquement
au moins, la solution qui était jusqu'alors admise.

Nous pouvons, en effet, signaler cette différence
entre les deux auteurs coutumiers du XIIIe siècle
que nous allons citer, c'est que De Fontaines, qui
écrit le premier, vers 1253, mentionne l'existence
du droit sans indiquer de controverse, tandis que
nous verrons ensuite que Beaumanoir signale
déjà, vers 1283, des hésitations dans l'esprit de
quelques jurisconsultes. Il nous semble utile de
citer le texte de De Fontaines qui, par sa netteté,
ne laisse aucun doute sur ce que nous venons d'exposer : « Quand li preudoms de qui tu te conseil-
« les, maria sa fille et li dona une pièce de terre
« en mariage, ce n'est pas contre costume se la
« terre revint au père après la mort sa fille qui
« morut sanz oir de son cors » (1).

La doctrine exposée par De Fontaines était encore en vigueur en 1268; c'est ce que l'on peut induire d'un arrêt de la même année (2), dans lequel
il n'est pas question, comme on l'a prétendu, de
l'existence d'un droit de retour proprement dit, mais

(1) De Fontaines, ch. xv, § 14.
(2) Olim, Collection Beugnot, t. I, pages 71.5 et 716.

de l'application d'un droit de succession. Nous allons, pour le prouver, analyser aussi rapidement que possible cet arrêt dont l'importance est considérable. Gilbert de Malo-Boisson et sa femme ont un acquêt : le mari meurt, la femme a droit à la moitié de l'acquêt; les enfants doivent se partager l'autre moitié. La mère, qui a droit à trois cents mesures, n'en prend que deux cents et laisse le reste à ses enfants. Les enfants se partagent ensuite leur part, plus ce qui leur est donné par leur mère. Trois enfants viennent à mourir, puis la mère meurt. Egidius, un des survivants, s'empare de tous les biens laissés par ses frères, mais sa sœur réclame sa part tant dans le don que dans le reste de de la succession de ses frères. Après discussion de la part d'Egidius qui déclarait que le bien devait lui revenir *tanquam ad masculum et primogenitum* et qu'il n'avait pas dû revenir à la mère, la solution donnée fut la suivante : le don fait par la mère à ses enfants doit revenir à la mère survivante, si ceux-ci meurent sans laisser d'enfants, et ils lui reviennent *tanquam ad stipitem*. Nous voyons donc que ce sont les mêmes principes que l'on continue d'appliquer, et, ce qui confirme encore cette assertion, c'est que le texte de l'arrêt contient ces mots qui indiquent bien clairement la base de la décision : *per usus et consuetudines Franciœ.*

A la même époque, le jurisconsulte chez lequel nous trouvons les vrais principes du Droit coutumier, Beaumanoir, dans ses Coutumes de Beau-

voisis, traitait la question de savoir à qui reviennent les héritages donnés par les père et mère à
leurs enfants qui prédécèdent sans postérité. Mais
ce jurisconsulte ne se borne pas à indiquer l'usage
suivi dans le pays dont il nous expose les coutumes, il mentionne en outre une controverse que l'on
commence à soulever de son temps, mais qui n'a pas
encore une grande importance. Cette controverse
a pris naissance à l'occasion d'une règle coutumière qui s'énonce ainsi : « propre ne remonte point. »
Les propres sont les biens acquis en vertu d'un
droit de famille; les biens donnés par un père à son
fils sont des propres; dire qu'ils ne remontent
point, c'est dire que lorsqu'ils sont entrés dans le
patrimoine d'un descendant, ils ne peuvent plus
revenir en arrière et rentrer dans le patrimoine
d'un ascendant. Mais de quel ascendant s'agit-il?
Est-ce dans le patrimoine de tout ascendant que les
biens ne peuvent pas remonter et, par suite, ne peuvent-ils pas plus rentrer dans le patrimoine de
l'ascendant qui les a donnés que dans le patrimoine
de celui qui n'a rien donné? Ou bien doit-on distinguer et dire que le propre peut revenir dans le patrimoine du donateur, mais qu'il ne remontera jamais
en faveur de celui qui n'est pas donateur? C'est dans
ce dernier sens, dans ce sens restrictif, que la règle
était interprétée par Beaumanoir, malgré les quelques dissidences qu'il constatait déjà de son temps,
mais qu'il combat dans des termes qu'il est utile de
rappeler :

« Aucun ont doute que puisque li heritages est
« partis du pere ou de le mere et venus à lor enfans
« par don ou par lor otroi ou par aucune manière,
« qu'il ne puist puis revenir au pere ne a le mere, mais
« si fet. Quant li enfes muert sans hoir de son cors,
« ses heritages et ses aquestes et ses muesbles re-
« viennent à son pere ou a se mere comme au plus
« prochain, tout fust-il ainsi qu'il eust freres et se-
« reurs. Et male cose seroit que li peres et le mere
« perdissent lor enfant et le lor ; car toutes voies
« est-on plus tost reconfortés d'une perte que de
« deus, et plus legierement en doivent estre li peres
« et le mere conseillié de donner à lor enfans. Et
« ce c'on dist que héritages ne remonte pas, c'est
« à entendre : si j'ai pere et se j'ai enfans et je muir,
« mes heritages descent à mes enfans et non à mon
« pere; voire si mi enfant estoient mort et il avoient
« aucun enfant, si lor venroit auçois mi heri-
« tages que a mon pere ; et combien qu'il fussent en
« lointain degre en descendant de mi, il lor venroit
« avant qu'a mon pere; mais s'il n'i a nul hoir issu de
« mi, nus qui m'aparteigne de costé n'emporte le
« mien avant de mon pere ou de ma mere, si comme
« il est dit dessus. » (1)

Telle était la véritable interprétation qui était
donnée au XIIIᵉ siècle de la règle :« propre ne remonte point.» Revenir au donateur, ce n'est pas re-

_____

(1) Beaumanoir, *Coutume de Beauvoisis*, édition Beugnot,
tome I, ch. XIV, § 22.

monter; on peut expliquer au moyen de ce texte l'expression *tanquam ad stipitem* que l'on trouve dans l'arrêt de 1268; le bien revient dans le patrimoine d'origine d'où il est censé n'avoir été séparé qu'accidentellement. Certains motifs que l'on trouve dans ce passage de Beaumanoir, rappellent ceux qui ont été développés dans notre étude du Droit romain. C'est qu'à l'époque où il a été écrit, le Droit romain se répandait en France, et s'il n'était pas invoqué comme ayant force de loi, on s'en servait cependant en lui empruntant des arguments qui donnaient une nouvelle force au Droit coutumier.

Nous pouvons donc établir qu'au XIIIᵉ siècle l'ascendant donateur avait conservé un droit de succession sur les biens donnés dans le cas où le donataire mourait sans enfants, et que la règle « propre ne remonte point » n'est pas un obstacle à l'existence de ce droit. Nous allons rechercher maintenant, si la tradition qui s'était perpétuée depuis la loi Salique jusqu'à cette époque fut maintenue au-delà.

Les doutes qui s'étaient élevés au XIIIᵉ siècle l'emportèrent sur une pratique déjà ancienne, et l'interprétation la plus large de la règle « propre ne remonte point » tendit à être généralement admise. La doctrine et la jurisprudence s'accordèrent pour consacrer la nouvelle solution qui se trouve constatée dans les Coutumes notoires du

Châtelet de Paris (1); elle était du reste déjà bien
assise à cette époque, puisque, à côté de la formule
« père et mère ne succèdent aux propres de leurs
enfans », nous trouvons pour la corroborer, la men-
tion suivante : « *anno* 1382, *die I septembris, in dicta*
« *causa, pro dictis defensoribus fuerunt probatæ*
« *sequentes, per documentum,* 7 *advocatos,* 5 *exa-*
« *minatores,* 6 *procuratores.* » Il est dit que l'héri-
tage vient et descend de plain droict aux frères et
sœrs survivans d'iceluy trépassé ou autres proches
de lignage sans ce que les père et mère d'iceluy
enfant trépassé y aient aucun droict et n'y puent
succéder.

Les ascendants sont donc exclus de la succession
des propres par suite de l'extension de la règle :
« propre ne remonte point. » Cette solution fut admise par tous les jurisconsultes et nous la retrouvons dans la Coutume de Paris (2) et dans les dé-
cisions de Jean Desmares (3).

On ne se contenta pas de rompre avec l'ancienne
interprétation et de lui substituer une solution qui
avait été combattue par les anciens jurisconsultes
coutumiers, on exagéra la portée de la règle et
l'on en vint à dire comme Masuer que la succession des ascendants est abolie, de sorte que, si les
héritiers en droite ligne ou collatérale viennent à

(1) *Coutumes notoires du Châtelet de Paris,* art. 185.
(2) *Coutume de Paris,* art. 312.
(3) Décision 293 de Jean Desmares, *Sur la Fin.*

défaillir, les biens appartiendront au fisc (1). On en
arriva donc à cette solution que le jurisconsulte
qualifie lui-même de merveilleusement étrange,
c'est que le père et la mère devinrent complètement
étrangers à leurs enfants quant à la succession.
C'est dans ces auteurs que se trouvent l origine et
l'explication de l'article 129 de la Coutume de
Paris : « En succession en ligne directe, propre
« ne remonte. »

Il faut cependant croire que tous les jurisconsultes n'allèrent pas aussi loin, et que quelques-
uns protestèrent contre cette tendance qui consistait à préférer le fisc à la famille. L'annotateur de
Masuer critique l'opinion de celui-ci et dit que dé-
férer au fisc la succession. lorsque la ligne vient à
faire défaut, c'est aller contre la disposition du
Droit qui a créé trois ordres d'héritiers et qui
même a appelé avant le fisc l'époux survivant.
Cette critique se justifie surtout au XIVᵉ siècle, où
le Droit romain commençait à se répandre en
France et à y exercer une grande influence.

Comment expliquer le triomphe d'une opinion
qui conduit à un résultat complètement en contradiction avec ce qui avait été admis jusque-là ? D'où
vient cette disposition nouvelle qui écarte les ascendants de la succession de leurs enfants, surtout
en ce qui concerne les biens donnés, car les ascendants peuvent succéder aux meubles et aux ac-

(1) Masuer, Pratique, tit. 32, des *Successions.*

quêts (1)? Pour trouver l'origine de la solution
qui vient se substituer à celle qui découlait des
principes du Droit germanique, nous sommes obligés de consulter un recueil de Droit féodal publié
en Italie et qui ne fut appliqué que dans ce pays ;
cependant son influence s'étendit plus loin, et nous
en trouvons une trace en France, au moins par
rapport au sujet qui nous occupe.

Le livre des Fiefs exclut les ascendants de la
succession des fiefs : « *successionis feudi talis est*
« *natura, quod ascendentes non succedunt : verbi*
« *gratia pater filio* (2). » Cette règle est confirmée
par un autre texte du même ouvrage, texte qui a
pour titre : « *patrem in feudo filii non succe-*
« *dere* (3). » Il résulte de ce passage que le père
ne peut reprendre, à la mort de son fils, le fief qu'il
lui a donné, à moins qu'au moment de l'investiture
l'ascendant ne l'ait expressément stipulé « *nisi*
« *nominatim cum domino pactus fuerit, ut si filius*
« *decesserit ante patrem, quod feudum ad patrem*
« *revertatur.* » Lorsque l'ascendant reprenait le
fief en vertu d'une stipulation expresse, c'était un
cas de retour conventionnel. Cette situation dans
laquelle se trouvent les fiefs, ne semble pas conforme à celle qui résulte du texte de Beaumanoir.
Celui-ci ne distingue pas diverses espèces de pro-

(1) Art. 3 de la *Coutume d'Auvergne*, cité dans la note qui
accompagne le texte précité de Masuer.

(2) *Liber Feudorum*, liv. II, tit. 50,

3) *Liber Feudorum*, liv. IV, tit. 84.

pres et met sur la même ligne les alleux, les fiefs
et les censives. Pourquoi cette différence entre le
Droit lombard, que nous trouvons exposé dans le
livre des Fiefs, et notre droit coutumier? C'est qu'en
Lombardie, les fiefs n'étaient point patrimoniaux
comme en France; ils tenaient beaucoup du bénéfice et, par suite, on appliquait plus rigoureusement les conséquences que l'on pouvait déduire
de l'acte de concession. On disait que les descendants, les collatéraux étaient compris dans cet acte,
mais qu'on ne pouvait l'appliquer aux ascendants;
et ainsi ces derniers étaient exclus de la succession de leurs descendants, au moins en ce qui concernait les fiefs.

L'introduction des principes du Droit lombard
n'eut lieu qu'au XIVᵉ siècle. Au XIIIᵉ, l'esprit français lutta contre l'envahissement du Droit romain;
nos plus éminents jurisconsultes voulurent, à cette
époque, maintenir intacte la tradition nationale;
les rois de France, notamment Philippe le Bel,
s'efforcèrent de restreindre l'influence du Droit romain; aussi, à cette époque, il n'était cité que
comme raison écrite, et souvent on se servait de
ses textes sans en mentionner l'origine. C'est pour
cela que Beaumanoir indique les tentatives que
l'on faisait déjà de son temps et les combat sans
renvoyer aux sources. Mais au XIVᵉ siècle, le sentiment national tendant à s'affaiblir, on chercha
moins à conserver les anciennes coutumes, et le
Droit romain prit insensiblement une place parmi

les sources du Droit à cette époque. Le livre des
Fiefs faisait partie du *Corpus Juris* et c'est ainsi
que l'on explique cette invasion du Droit lombard
en France.

Ce qui confirme cette explication, c'est que les
premiers monuments qui témoignent en France de
l'existence de ce nouvel état de la législation, ne
parlent que des fiefs. On commença, du reste, à
n'appliquer la règle qu'aux fiefs avant de l'étendre
aux autres biens. Bouteiller nous explique : « comment *fief* ne peut remonter (1). » Ce jurisconsulte
établit que les fiefs sont attribués aux descendants
ou aux collatéraux : si le descendant auquel le fief
est échu, meurt sans postérité, c'est à l'oncle qu'il
doit revenir. Bouteiller termine en disant que ce
n'est pas là remonter, car le fief ne revient pas à
la ligne dont il descend.

Ces derniers mots résument le mode d'attribution des fiefs; ils sont dévolus à tous les ordres de
succession, sauf un, les ascendants. Nous retrouvons les mêmes principes dans Masuer (2) qui déclare que les ascendants ne peuvent succéder aux
fiefs, parce qu'on ne peut les attribuer qu'aux héritiers qui sont censés être entendus dans la concession. Il est ainsi bien établi qu'en France, les ascendants furent d'abord exclus de la succession

(1) Bouteiller, *Somme rurale*, tit. 76, page 447, édition de
1711.
(2) Masuer, Pratique, tit. 32, *des Successions.*

7

des fiefs; ensuite, peu à peu, la règle se généralisa
et l'on en arriva à l'interpréter de la manière la
plus large ; les ascendants furent ainsi écartés de
la succession de leurs descendants, même quant
aux donations qu'ils leur avaient faites. Cela est
confirmé en ces termes par Loysel : « *bona debent*
« *devolvi ad propinquiores...... parentibus qui dic-*
« *tam donationem fecerant, exclusis* (1). » Cette solution admise devint le droit commun de la France,
lorsqu'elle fut consacrée par la Coutume de Paris (2).
L'Angleterre elle-même adopta la solution française; c'est ce que nous trouvons aussi dans Loysel
qui cite Cowel, Institutes de Droit anglais, liv. III,
tit. 1, § 10. « *Etiam hoc semper apud nos recep-*
« *tum fuit, ut feudum nunquan ascendat* (3). »

On chercha probablement à atténuer l'iniquité
qui ressortait de l'exclusion des ascendants de la
succession de leurs descendants, et il semble résulter d'un passage de Charondas (4) que le
Parlement de Paris, notamment, admit en faveur
des ascendants donateurs le droit de retour, tel
qu'il existait en Droit romain et dans les pays de
Droit écrit.

Cet expédient ne dut point satisfaire les jurisconsultes ; aussi au XVIe siècle une voix autorisée

(1) Loysel, liv. II, tit. 5, reg. 16.
(2) *Coutume de Paris*, art. 129.
(3) Loysel, liv. II, tit. 5, reg. 16.
(4) Charondas, t. I, *Coutume de Paris*, sur les art. 313 à
315.

s'élève pour protester contre la doctrine qui était inspirée par le Livre des Fiefs. Dumoulin combattit, toutes les fois que l'occasion se présenta, l'interprétation qui avait été donnée de la règle : « propre ne remonte point », et chercha à faire revivre le système qui avait été soutenu par Beaumanoir. Sous l'article 129 de la Coutume de Paris, Dumoulin cherche et demande en vain un motif qui puisse expliquer, ou tout au moins excuser cette exclusion des ascendants ; le père de famille est censé à bon droit être le premier dans l'affection du défunt, et. si cependant ce dernier meurt sans enfants, les ascendants seront écartés de la succession ; ce seront des parents d'un degré plus éloigné, des personnes, pour lesquelles l'affection du défunt est moindre, qui seront appelées : tel est le résultat anormal auquel on était arrivé. L'iniquité du système s'accroît si le père a donné les biens qui se trouvent dans la succession, s'il a contribué à la formation du patrimoine du *de cujus.*

Sous divers articles de Coutumes, on peut recueillir dans Dumoulin de nombreux arguments en faveur de l'interprétation qui prévalait au XIIIe siècle ; l'insistance avec laquelle il revient sur la question, nous indique la préoccupation constante du jurisconsulte. Pour lui, « propre ne remonte point » signifie qu'un propre paternel ne remonte point dans la ligne maternelle, et qu'un

propre maternel ne remonte point dans la ligne
paternelle ; cette maxime se lie intimement à celle
que l'on formule ainsi : « *paterna paternis, ma-*
« *terna maternis.* » Ainsi dans son commentaire
de la Coutume d'Auvergne (1), nous trouvons :
« *Consuetudo volens ea conservare in sua linea,*
« *non excludit parentes si sint de ea linea.* » La
coutume, d'après Dumoulin, veut éviter que les
biens passent d'une ligne dans l'autre ; c'est à
ce point de vue qu'il faut se placer dans l'explication que l'on donne des règles qui régissent la
succession des ascendants, mais dans la ligne d'où
ils sont sortis , les règles ordinaires reprennent leur cours, et, suivant les anciens usages et
coutumes, les ascendants sont appelés à défaut de
descendants. Dans ses notes sur la Coutume d'Artois (2), nous trouvons la même pensée : « *ne*
« *labantur in diversam lineam, secus si parentes*
« *sunt de linea et proximiores.* » C'est toujours la
même préoccupation sur l'origine des biens et en
faveur du maintien des biens dans la ligne : mais
les ascendants ne sont plus écartés. On pourrait
multiplier les citations, celles-ci sont suffisantes
et assez nettes pour faire connaître l'opinion
de Dumoulin et pour donner une idée de la persé-
vérance aves laquelle ce jurisconsulte combattit

(1) Dumoulin, *Coutume d'Auvergne*, art. 3 du ch. xii.
(2) Dumoulin, *Coutume d'Artois*, art. 107.

l'opinion qui avait pour base une disposition du Livre des Fiefs.

Les efforts de ce jurisconsulte ne furent point inutiles. On en trouve une preuve éclatante dans la Coutume de Paris réformée qui, dans son article 313, proclame le droit de succession des ascendants aux choses par eux données à leurs descendants, lorsque ceux-ci meurent sans laisser de postérité. Appuyée sur l'autorité de Dumoulin, la nouvelle disposition entra définitivement dans la législation, et l'on n'eut plus à enregistrer de discussions que sur ses modes d'application (1).

Tel est l'exposé des controverses qui eurent lieu sur le point de savoir si l'on devait accorder un droit de succession aux ascendants.

(1) Voir, dans Merlin, l'énumération des Coutumes qui adoptèrent la même solution que la Coutume de Paris. V° Réversion.

CHAPITRE II

Comment s'exerçait le droit de succession reconnu aux ascendants donateurs ?

———

Les droits de l'ascendant donateur ayant été définitivement reconnus par la Coutume de Paris, la controverse s'éteignit sur ce point et nous arrivons ainsi à la seconde partie de cette étude, dans laquelle nous avons à rechercher comment ces droits furent envisagés par la jurisprudence et exercés par ceux à qui ils appartenaient.

L'art. 313 de la Coutume de Paris déclare, au sujet des ascendants, que : « Toutefois succèdent, « ès choses par eux données à leurs enfans, décé- « dans sans enfans, et descendans d'eux. » Cette expression « toutefois » semble indiquer qu'il y a là une exception, mais ce n'est qu'un souvenir de l'ancienne controverse que nous venons d'exposer.

La réversion des pays de Droit écrit est écartée et un droit de succession est formellement reconnu aux ascendants par la Coutume. C'était bien ainsi que l'entendait Dumoulin : il voulait que les ascendants ne fussent pas déclarés incapables de succéder, l'art. 313 écarte cette incapacité. Cette disposition repousse. en effet, le droit de retour et en même temps ses conséquences telles que les appliquaient ceux qui suivaient les règles du Droit romain ; de plus, elle rétablissait en faveur des ascendants le droit de succession qui existait dans l'ancien Droit coutumier.

Il est important de préciser les caractères du droit accordé aux ascendants donateurs par la Coutume de Paris réformée ; cela fait, nous pourrons déterminer plus facilement les conséquences de ce droit et constater si des éléments étrangers au Droit coutumier ne sont pas venus les modifier. Nous parviendrons ainsi à établir l'état de la législation à la veille de la rédaction du Code civil et nous pourrons trouver l'origine de l'art. 747 de ce Code.

D'après l'art. 313, tel qu'il est rédigé, et d'après la doctrine de Dumoulin, c'est un droit de succession qui est reconnu aux ascendants, et ce droit doit être considéré comme privilégié : c'est une faveur que l'on accorde aux ascendants à raison du lien qui les unit à leurs descendants et à raison de la libéralité dont ils sont les auteurs ; car, pour jouir de l'avantage que leur fait la loi, il faut

qu'ils aient fait une donation, et la mesure de leur
droit est celle de la donation, puisqu'il ne s'exerce
que sur les biens donnés. Ces caractères nous
amèneront à constater de grandes différences
entre les droits des ascendants que nous allons
étudier et ceux que nous avons déjà exposés.

L'art. 313 appelle les ascendants ; quelles sont
les personnes que l'on doit comprendre dans cette
catégorie ? C'est d'abord le père légitime qui est
appelé, et aucune contestation n'est soulevée en ce
qui le concerne. La mère jouit des mêmes droits
que le père ; car, en matière de succession, dans
le Droit coutumier, elle n'est pas dans une situation inférieure à celle de ce dernier. Quant aux
aïeux, ils sont tous appelés, même les ascendants
maternels : nous avons constaté que cette solution
fut acceptée même dans les pays de Droit écrit qui
s'inspiraient cependant du Droit romain, peu favorable à la ligne maternelle. Mais un débat s'en-
gagea surtout à propos du père naturel ; devait-on
lui accorder les mêmes avantages qu'aux ascendants légitimes ? La question fut résolue dans le
sens de la négative pour les motifs que nous avons
déjà indiqués sur la même discussion dans notre
chapitre relatif au Droit écrit.

On est tout d'abord amené à se demander dans
quel ordre les ascendants exercent leurs droits :
dans les pays de Coutumes, cette question a vivement préoccupé les jurisconsultes ; en Droit romain, au contraire, il n'y avait pas sur ce point

matière à controverse, puisqu'on était en présence
d'une sorte de condition résolutoire ; c'était nécessairement au profit de celui qui avait été partie à
l'acte qu'elle s'accomplissait. Lorsque le grand-
père avait donné à sa petite-fille, si celle ci mourait sans laisser d'enfants, le donateur reprenait
les biens et le père de la donataire n'avait aucun
droit. Dans nos pays de Coutumes, la situation
était bien différente ; c'est en vertu d'un droit de
succession que les ascendants se présentent, et, si
l'on se place sur le terrain du droit pur en matière
de succession, on est amené à décider que les
ascendants n'ont de vocation que dans l'ordre dans
lequel ils se trouvent : le père exclut le grand-
père ; si un aïeul a donné à son petit-fils, le père
vivant viendra cependant avant le grand-père, car
il est à un degré plus proche. De plus, ne peut-on
pas dire que les biens donnés au fils sont censés
être donnés au père et que l'aïeul est présumé les
avoir gratifiés tous deux ? Ces raisons avaient une
grande force tant que l'on ne contesta pas aux
ascendants leur droit de succession, et il est probable que, jusqu'au xiii⁰ siècle, l'ascendant le plus
proche succéda aux propres donnés. Telle devait
être aussi la solution que voulurent faire adopter
Dumoulin et, après lui, d'autres jurisconsultes (1)
qui parlent d'un droit de succession pur et simple

(1) Bourjon, *Droit commun de la France*, t. I, iii⁰ partie,
des Successions, sect. III.

tel qu'il résultait des Coutumes. Lorsque la Coutume réformée de Paris proclama dans son art. 313 un droit en faveur des ascendants, on essaya de faire revivre l'ancienne solution, mais à cette époque le Droit romain exerçait une grande influence sur la plupart des jurisconsultes et l'on fit prévaloir l'opinion qui préférait le donateur, en disant que, dans le droit reconnu aux ascendants par les Coutumes, il y avait quelque chose de la réversion du Droit romain et que souvent l'aïeul ne préférait à soi-même que son petit-fils et que, ce dernier étant décédé, il n'était pas établi que le grand-père ait préféré son fils à soi-même (1).

Mais si le grand-père donateur est mort avant le petit-fils donataire, et, si le père de ce dernier lui survit, peut-il réclamer au même titre que le donateur les biens donnés? Pour ceux qui admettaient l'existence d'un droit de succession pur et simple sans modification apportée par la qualité de donateur, la question ne pouvait faire de doute: le père était appelé à la succession de son fils; mais ceux qui subissaient l'influence du Droit romain ne trouvant pas chez le père dans l'hypothèse actuelle la qualité de donateur , lui refusaient le droit de reprendre les biens comme biens donnés, mais lui accordaient un droit de succession sur ces

(1) Lebrun, *Successions*, liv. I, ch. v, sect. II, 14 et suiv. Pothier, *Coutume d'Orléans*, art, 315, et *Traité des Successions*, ch. ii.

biens parce qu'il était le plus proche héritier :
c'était revenir à l'ancienne théorie (1).

Tous les biens que les ascendants ont donnés à
leurs descendants sont repris par eux : cette disposition s'applique à toutes les libéralités faites à
l'occasion d'un mariage : ce point ne faisait doute
ni en Droit romain, ni en Droit coutumier ; mais
dans cette dernière législation, si l'on se préoccu-
pait de l'origine des biens, on ne recherchait pas
quels étaient les motifs qui avaient fait passer les
biens d'un patrimoine dans un autre, au moins
quant à la question que nous étudions ; la preuve
en est dans les expressions employées par les Coutumes qui ont résolu la difficulté ; la Coutume de
Paris parle de « biens donnés » (2) ; celle de Châlons (3) parle de « deniers donnés en mariage ou
autrement » ; celle d'Auxerre (4) dit « par traité
en faveur d'icelui en avancement d'hoirie ou autrement ». Ainsi donc, quel que soit le motif de la
libéralité, il suffit qu'elle existe pour que l'ascendant donateur puisse exercer ses droits.

Il faut que les biens aient conservé leur qualité
de biens donnés pour que les ascendants puissent
les reprendre. Si le descendant donataire a disposé des biens donnés et les a fait ainsi sortir de son

_____

(1) Lebrun, *Successions*, liv. I, ch. v, sect. II, 42 et suiv.
(2) *Coutume de Paris*, art. 313.
(3) *Coutume de Châlons*, art. 87.
(4) *Coutume d'Auxerre*, art. 241.

patrimoine, lorsque ces mêmes biens y rentrent à suite d'une donation, d'un rachat, ou parce que le donataire a succédé à celui qui avait acquis le bien, le droit de l'ascendant qui s'était éteint, ne reprend pas naissance. Car le bien ne se trouve plus être un propre, il est devenu un acquêt, et alors ce n'est plus suivant les règles de la succession des propres qu'il est recueilli, mais suivant celle de la succession des acquêts. Même si le bien était repris en vertu d'un droit de famille, quoiqu'il fût redevenu propre, comme il ne le serait pas par le fait de l'ascendant, celui-ci ne pourrait pas invoquer la faveur qui lui était accordée lorsque le propre venait de lui. Telle était la solution donnée à cette question, lorsqu'on accorda à la qualité de donateur une importance égale à celle qu'on lui reconnaissait en Droit romain; la solution aurait été peut-être différente au XIIIᵉ siècle.

S'il n'y avait point de difficulté pour attribuer les immeubles aux ascendants qui les avaient donnés, il n'en était pas de même pour les meubles. On peut dire que la question sur laquelle nous trouvons le plus de divergences, non-seulement chez les auteurs, mais encore dans les diverses Coutumes rédigées en France, est certainement de savoir si les ascendants reprennent aussi les meubles qu'ils ont donnés. Merlin (1) divise, sur cette question, les Coutumes en cinq classes; cette divi-

(1) Merlin, vᵒ Réversion.

sion repose surtout sur les expressions employées par les textes. Nous nous bornerons à indiquer cette classification, et nous rechercherons ensuite quelle solution fut donnée à la question dans le Droit commun de la France, c'est-à-dire par la Coutume de Paris.

Les Coutumes de Vitry, Montargis, Noyon, Grand-Perche, Nivernais, Cambrésis, Valenciennes, Saint-Quentin et Berry parlent d' « héritages donnés » comme sujets au droit de retour ; il semble qu'il ne s'agit que d'immeubles. Coquille cependant prétend qu'il faut y faire rentrer les meubles.

Les Coutumes de Bourgogne, Franche-Comté, Bourbonnais, Saintonge emploient l'expression plus large de « biens donnés » que l'on peut appliquer facilement aux meubles ; un arrêt du Parlement de Paris, de 1616, déclara que le texte ne s'appliquait qu'aux immeubles.

Les Coutumes de Touraine, Poitou, Melun, Laon, Châlons, Reims, Auxerre, déclarent que les propres conventionnels sont soumis au droit de retour : cette expression comprend certains meubles et exclut les autres : elle signifie que les meubles réalisés sont placés sur le même rang que les immeubles.

La Coutume de Bayonne ne fait aucune distinction entre les meubles : sur tous peut s'exercer le droit de retour.

Enfin, les Coutumes de Calais, Orléans et Paris

disent que les ascendants succèdent aux choses données : doit-on y comprendre les meubles? C'est une
des questions qui furent le plus débattues. Trois solutions furent proposées par les jurisconsultes : les
uns soumettent les meubles à la réversion; d'autres les excluent; quelques-uns, enfin, ne déclarent les meubles sujets au retour que s'ils peuvent
être reconnus. Ceux qui soumettent les meubles à
la réversion invoquent la raison écrite, le Droit romain, qui était appliqué sur ce point dans les pays
de Droit écrit. Aucune distinction n'y était faite,
quant au droit de retour, entre les meubles et les
immeubles. Pourquoi, ajoutait-on, faire cette différence, la libéralité n'est-elle pas la même? Le
donateur est-il dans une situation différente vis-à-
vis du donataire? Aussi l'on proposait de décider
que le droit de retour peut s'exercer sur les meubles.

Ceux qui ne veulent pas appliquer aux meubles la
règle que nous étudions, font remarquer que la possession des meubles est considérée comme étant de
peu d'importance dans les pays coutumiers; que les
meubles se confondent facilement les uns avec les
autres; qu'il est souvent difficile d'en déterminer
l'origine. On ajoute, enfin, que l'art. 313 de la Coutume de Paris semble n'être qu'une exception de
l'art. 312 et que ce dernier ne s'occupe que des héritages propres, par suite qu'il exclut les meubles (1).

(1) Bourjon, *Droit commun de la France*, t. I, IIIe partie,
Des Successions, page 922.

Enfin, la jurisprudence surtout chercha à concilier l'équité qui réclame la réversion des meubles, avec la difficulté de déterminer l'origine de ces meubles. On proposa d'admettre la réversion en matière mobilière toutes les fois que les meubles pourraient être facilement reconnus : cette solution semble avoir été adoptée par un arrêt du 25 février 1602 qui accorda à un aïeul une rente à titre de réversion. Cette rente était la seule chose reconnaissable qui fut dans la succession du donataire ; l'aïeul ne demanda pas, du reste, les autres meubles qu'il avait donnés, car ils avaient perdu leur individualité.

Cette controverse subsista sous l'empire de notre ancienne législation sans recevoir de solution définitive (1).

Le droit de retour s'ouvre en faveur des ascendants lorsque le donataire meurt sans postérité ; les descendants du donataire sont donc la seule classe d'héritiers qui empêche les ascendants de jouir du privilége qui résulte pour eux de l'article 313 de la Coutume de Paris ; aussi, lorsque ces descendants font défaut, aucun obstacle n'est apporté à l'ouverture du droit de retour qui s'exerce alors librement. Si les descendants du donataire sont décédés avant celui-ci, c'est comme s'ils n'avaient jamais existé ; de même, s'ils renoncent à la succes-

---

(1) Lebrun, *Successions*, liv. I, ch. v, sect. II, 45 et suiv.

sion, les choses se passent comme s'ils n'étaient pas appelés.

Mais l'ascendant peut avoir été écarté par un descendant du donataire qui meurt lui-même sans postérité avant le donateur. Ce dernier sera-t-il admis à venir reprendre les biens dont un obstacle momentané l'avait privé ? Cette question, débattue avant la rédaction du Code civil, a été, depuis la promulgation de ce Code, l'objet d'une vive controverse. Il importe donc de connaître les éléments de la discussion dans l'ancienne législation, nous pourrons ainsi mieux apprécier l'état de la question à notre époque. On refusait tout droit à l'ascendant donateur en disant que la faveur qui lui était accordée avait pour but de le consoler de la perte du donataire : or, dans l'hypothèse où nous nous trouvons, après cet événement, son droit a été paralysé par l'existence des petits-fils, et le décès de ceux-ci n'est pas suffisant pour le ranimer. Du reste, l'ascendant donateur a eu la consolation de voir les biens dont il s'était dessaisi suivre leur cours naturel, et cette première dévolution a dû lui enlever tout espoir de voir les biens remonter. On dit que cette opinion a été partagée par le Parlement de Grenoble, mais cette manière de voir n'a pas prévalu et l'on a fait observer avec raison que le donateur avait subi une double perte et que les motifs qui militaient en sa faveur n'ont pas diminué ; aussi les Parlements se prononcèrent généralement en faveur de cette der-

nière opinion, qui cependant n'en resta pas moins
contestée (1).

La présence de descendants écarte les ascendants, même si les biens ont été donnés en faveur
d'un second mariage, alors que les descendants
appartiendraient à un premier lit : car, s'il était
né des enfants des deux mariages, ils auraient
formé une masse des biens venant de l'auteur
commun : l'absence des uns ne peut nuire aux
autres.

De même que dans les pays de Droit écrit,
fut aussi soulevée, dans les pays coutumiers, la
question de savoir si le droit de retour s'ouvrait
par la mort civile prononcée avec confiscation des
biens. On pouvait opposer à l'ascendant les pouvoirs si étendus du donataire : celui-ci peut aliéner, hypothéquer, disposer, soit à titre onéreux,
soit à titre gratuit, faire en un mot toutes sortes
d'actes au préjudice de la réversion, et l'on ne
peut citer aucun texte d'où il résulterait que la
confiscation serait mise en dehors du droit commun. Cependant, on fait observer avec raison
que la situation du donateur ne doit pas être
rendue pire par suite d'une faute dont le donataire seul doit être puni et que ce n'est pas
pour en faire un tel usage que les biens ont été
donnés.

Les effets et les conséquences du droit accordé

(1) Bourjon, *Droit commun de la France*, t. I, IIIe partie,
des *Successions*, sect. II, 32.

8

aux ascendants donateurs se déduisent des caractères que l'on donne à ce droit. Dans les Coutumes, nous sommes en présence d'un droit de
succession. C'est dans cette matière que nous
trouverons les éléments de solution pour les questions que nous aurons à nous poser ; mais nous ne
devrons pas perdre de vue toutefois qu'à partir du
XVIᵉ siècle, l'influence romaine se fit sentir même
dans le Nord, et qu'elle apporta quelques modifications aux règles primitivement admises.

Les droits du donataire sont bien différents de
ceux qui lui appartenaient dans les pays de Droit
écrit ; il n'est plus réduit à une situation analogue
à celle d'un usufruitier, il est réellement propriétaire de la chose donnée, il a sur elle les droits les
plus étendus et il peut les exercer librement, il
a l'*abusus*. L'aliénation de la chose donnée
est, en effet, valable et maintenue même à l'égard
du donateur; et cela aussi bien pour les dispositions à titre onéreux que pour celles à
titre gratuit ; pour les dispositions entre-vifs
que pour celles à cause de mort. L'ascendant
est appelé en vertu d'un droit de succession,
et, par suite, il doit respecter les actes juridiques de son auteur, non-seulement ceux qui
portent sur la totalité des biens, mais aussi ceux
qui portent sur une partie, soit directement, soit
indirectement; en effet, les hypothèques et les
autres charges grevaient les biens donnés et pouvaient être opposées à l'ascendant comme à tout

autre héritier. Car, vis-à-vis de celui-là, ce sont
les conséquences de son droit de succession que
l'on applique; mais il peut les invoquer en sa
faveur, comme il se les voit opposer : s'il doit
subir les charges imposées par son descendant,
celui-ci ne peut disposer à titre gratuit d'une façon
exagérée et l'ascendant conserve sur les biens
donnés la réserve ordinaire qui existe sur les
propres et qui est des quatre quints (1). La différence entre le système des pays de Droit écrit et
celui de nos Coutumes est ainsi atténuée. On peut
donc déclarer en principe que l'ascendant ne peut
reprendre les biens donnés que s'il les retrouve
dans la succession du donataire.

Doit-on cependant appliquer au donateur toutes
les conséquences de sa qualité d'héritier? Doit-il
être tenu des dettes *ultra vires*? Ou bien n'est-il
qu'un successeur aux biens et n'est-il tenu que
jusqu'à concurrence de l'émolument? Lorsque
l'ascendant fut appelé suivant les règles ordinaires
des successions, c'est-à-dire dans le plus ancien
Droit coutumier, on peut assurer qu'il devait
supporter toutes les charges qui incombaient à
l'héritiér, et, par suite, son obligation aux dettes
était aussi étendue que celle de tout héritier : il
était tenu *ultra vires successionis*. Mais lorsque le
droit de succession fut rétabli en faveur des ascen-

(1) Bourjon, *Droit commun de la France*, t. I, iii° partie, *des
Successions*, sect. II, 35.

dants, il n'eut plus autant d'extension, et fut
restreint aux choses données ; alors on souleva la
question de savoir si, les droits étant limités, les
charges ne devaient pas l'être également. On
admit sans contestation que l'ascendant n'étant
plus appelé à la totalité ne serait obligé aux dettes
qu'en proportion de l'émolument (1). Mais les pré-
tentions des donateurs allèrent plus loin et ils
voulurent n'être tenus que dans la limite de ce
qu'ils reprenaient. Ce point souleva plus de difficultés, on argumenta contre eux de leur droit de
succession et l'on dit que, s'ils craignaient d'être
obligés à payer plus qu'ils ne reprendraient, ils
n'avaient, puisqu'ils étaient héritiers, qu'à accepter
bénéficiairement.

Nous avons constaté que le droit de retour des
ascendants donateurs est limité aux biens donnés :
telle fut du moins la doctrine admise à partir du
XVIᵉ siècle ; ces biens pouvaient être l'objet, de la
part des donateurs, d'une affection particulière, et
ils étaient appelés à les reprendre par privilège à
tous autres, excepté les descendants du donataire.
Mais il était possible que l'ascendant donateur fut
appelé à la fois à la succession des propres et à
celle des meubles et acquêts ; pouvait-il accepter
l'une et répudier l'autre ; reprendre les propres et
repousser le reste ? L'intérêt pour le donateur est
évident ; il reprend le propre qu'une affection par-

(1) Lebrun, *Successions*, liv. I, ch. v, sect. II, 65 et suiv.

ticulière le porte à conserver dans le patrimoine,
il repousse le reste de la succession pour en éviter
les charges. Dans la doctrine du xiiie siècle et des
époques antérieures, cela était impossible ; mais ce
point pouvait être mis en doute sous l'empire de la
Coutume de Paris et de celles qui furent alors
rédigées ; et, à mesure que le système éclectique,
mêlé de Droit romain et de Droit coutumier, tendit
à s'établir, la distinction entre les deux successions apparut et l'on en vint à permettre aux ascendants de restreindre leurs droits aux biens
donnés.

Si nous jetons un coup d'œil d'ensemble sur les
deux systèmes que nous venons d'exposer, nous
remarquerons que les pays de Droit écrit avaient
adopté une solution qui était trop favorable pour
le donateur et ne faisait du donataire qu'une sorte
d'usufruitier ; que le Droit coutumier, au contraire,
donnait de très-grands pouvoirs au donataire et
que le donateur n'était plus qu'un simple héritier.
Le premier système présentait des exagérations,
le second parut préférable, surtout lorsqu'on se
servit du Droit romain pour en atténuer les rigueurs et favoriser l'ascendant : c'est de ce système éclectique qu'est sorti l'art. 747 dont nous
allons maintenant étudier les dispositions.

III

LÉGISLATION MODERNE

CHAPITRE PRÉLIMINAIRE

Législation intermédiaire.

———

Pendant la Révolution française, les lois relatives aux successions furent profondément modifiées et le sujet que nous étudions préoccupa particulièrement le législateur de cette époque. Le décret du 5 brumaire an II supprima le droit de retour soit légal, soit conventionnel. Bientôt après, celui du 17 nivôse an II rétablit le retour conventionnel; mais il résulte de ses termes qu'il n'entend pas faire revivre en même temps le retour légal. Cette suppression ne fut pas accueillie favorablement et l'on s'efforça presque aussitôt d'en restreindre les effets.

Un décret du 23 ventôse an II, art. 5, déclara tout d'abord que l'art. 74 du décret du 17 nivôse ne s'appliquait pas aux donations antérieures au 5 brumaire, et que, quant à ces dernières, le retour légal était possible dans les pays et pour les cas où il avait lieu. La jurisprudence chercha aussi à atténuer les conséquences de l'abolition du retour légal en admettant plus facilement l'existence d'une convention de retour ; on décida notamment que la déclaration faite par un ascendant, qu'il donne en avancement d'hoirie, constituait une convention de retour (1).

(1) Dalloz, Rép. V° *Disp. entre vifs et test.*, n° 1749.

CHAPITRE PREMIER

Caractères du droit de retour légal.

Le projet du Code civil ne mentionnait nullement le droit de retour; on avait donc l'intention
de maintenir sur ce point les dispositions du décret
de nivôse an II et de refuser aux ascendants donateurs tout avantage dans la succession de leurs
descendants. La situation défavorable qui allait
être créée pour les ascendants, émut les tribunaux qui avaient été appelés à donner leur avis
sur le projet et quelques-uns demandèrent le réta-
blissement du droit de retour légal. Le tribunal de
Montpellier s'exprimait en ces termes dans ses ob-
servations : « On ne voit pas pourquoi l'ascendant

« qui a le malheur de survivre à l'enfant à qui il
« avait déjà remis le dépôt de sa fortune, sera
« privé de la faible consolation de reprendre ce
« même dépôt, l'unique ressource de ses vieux
« jours (1). » Celui de Toulouse, de son côté, disait : « Il est injuste que les ascendants se voient
« exclus par des collatéraux, de rentrer même dans
« les biens dont ils s'étaient dépouillés en faveur
« de leur descendant prédécédé (2). » Les rédacteurs du Code civil durent s'incliner devant des
réclamations si bien fondées et rétablir dans la
nouvelle législation une institution qui était aussi
nécessaire que juste. Mais, comme ils craignaient,
peut-être, de trop rappeler les souvenirs du passé,
ils ne consacrèrent qu'une seule disposition à cette
question ; cette disposition est bien insuffisante,
aussi doit-elle être complétée par d'autres articles
du Code civil qui traitent du même droit étendu à
d'autres personnes ; il sera par suite indispensable,
tout en étudiant les dispositions de l'art. 747 du
Code civil, d'avoir recours aux art. 351 et 352
du Code civil, qui traitent des droits de l'adoptant
donateur et à l'art. 766 qui prévoit le cas de
retour des biens donnés aux enfants naturels.
Nous ne perdrons pas de vue cependant le but que
nous nous sommes proposé et nous chercherons
seulement à déterminer le droit de retour légal

(1) Fenet, t. IV, page 504.
(2) Fenet, t. V, page 578.

accordé aux ascendants donateurs; nous négligerons donc l'étude de ce droit en tant que s'étendant à d'autres personnes et nous laisserons toujours en dehors le droit de retour qui résulte de la convention; les règles en sont différentes et ceux qui peuvent en profiter sont plus nombreux.

Le droit accordé aux ascendants donateurs se justifie aujourd'hui par les mêmes raisons qui l'ont fait d'abord admettre dans la législation romaine et, plus tard, maintenir pendant toute la durée de l'ancienne législation. Sa base est toujours l'équité ; il est juste de favoriser celui à qui le *de cujus* est uni à la fois par les liens du sang et par ceux de la reconnaissance; on ne doit pas, lorsque le malheur vient frapper le donateur en le privant de son descendant, faire passer à d'autres des biens donnés pour assurer l'existence d'une famille qui vient de s'éteindre. Les donations ainsi faites sont destinées le plus souvent à faciliter un établissement par mariage, et, en ce cas, le donateur espère que les biens seront transmis à ses petits-fils; cette dévolution est, en effet, le but poursuivi, car ceux à qui elle profite, représentent celui qui est décédé. Mais attribuer les biens à un collatéral que les parties n'avaient pas en vue au moment de la donation, ce n'est pas décider selon la volonté présumée du défunt, dont le législateur doit se préoccuper surtout en matière de succession *ab intestat*. Ce serait accuser le donataire d'ingratitude, que de supposer qu'il a oublié le bienfait reçu.

A côté de ces considérations que l'on peut invoquer en faveur du droit de retour, il en est une
autre que nous avons déjà trouvée dans le Droit
romain et qui semble avoir frappé particulièrement
les rédacteurs du Code civil : c'est un motif d'utilité dont l'importance a même augmenté dans notre
siècle où les questions d'intérêt prennent peut
être une trop grande place au détriment des questions de sentiment. Dans la discussion de l'art. 747,
Tronchet dit « que cet article est nécessaire pour
« détruire un inconvénient de la loi du 17 nivôse,
« dont les dispositions faisaient craindre que ce
« que l'on donnait à ses enfants ne passât dans
« une autre ligne (1). » Ce danger auquel expo-
sait le maintien des dispositions de la loi de nivôse
est double. L'ascendant sera d'abord moins porté
à faire des libéralités, si elles doivent avoir pour
résultat de le dépouiller définitivement, même lorsque le but qu'il poursuit ne sera pas atteint, c'est-
à-dire dans le cas où il sera déçu de ses espérances par la mort de son descendant qui ne laissera
aucune postérité pour recueillir les avantages de
la donation et pour remplacer auprès du donateur
celui qu'il a perdu ; dans cette hypothèse, le descendant seul souffrira de ces appréhensions qui
sont bien de nature à faire restreindre les libéralités. Si, malgré cette éventualité, l'ascendant est
disposé à étendre ses libéralités, il cherchera ce-

(1) Fenet, t. XII, page 24.

pendant à éviter les inconvénients qui résultent pour lui du silence de la loi, et il va créer conventionnellement le droit de retour qui leur est refusé légalement : mais la convention est plus rigoureuse que la présomption de la loi ou qu'un droit de succession, car les droits du donataire ont une bien moindre importance. Lorsqu'il est obligé éventuellement et par convention à une restitution, il ne peut disposer de ses biens et il en est réduit à jouir de la donation presque comme un usufruitier, c'est-à-dire sans avoir des pouvoirs aussi étendus que ceux qui sont compatibles avec le retour légal. Dans ce cas encore, celui qui souffrira de l'inexistence d'un droit de retour légal en faveur de l'ascendant donateur, c'est le donataire; il est donc nécessaire, même dans l'intérêt de ce dernier, qu'un droit éventuel sur les biens donnés soit accordé par la loi à l'ascendant donateur, lorsque son descendant viendra à prédécéder sans postérité.

L'art. 747 se justifie donc parfaitement dans l'état actuel de notre législation. Mais une difficulté se présente aussitôt: comment faut-il envisager cette disposition? Doit-on adopter la théorie romaine qui s'est perpétuée dans les pays de Droit écrit? Doit-on préférer la solution admise par les Coutumes, surtout telle qu'elle existait dans le dernier état de notre ancienne législation, c'est-à-dire modifiée par la jurisprudence et par l'influence du Droit romain? C'est entre ces deux partis que

l'on avait à choisir. Les Parlements de Toulouse,
Bordeaux et Grenoble avaient suivi la théorie romaine, mais lui avaient donné une portée des plus
étendues; l'application de cette jurisprudence des
pays de Droit écrit que nous avons déjà exposée,
devait faire reculer les rédacteurs du Code civil
qui tendaient à dégager autant que possible le droit
de propriété des entraves qui l'entouraient; ils
furent sur le point de supprimer le régime dotal
qui proclamait l'inaliénabilité des biens: ils ne pouvaient donc admettre le droit de retour tel qu'il
était entendu par ceux qui prétendaient s'appuyer
sur le Droit romain. Aussi, en présence de ces
deux motifs, c'est-à-dire, en considérant que le
système des pays de Droit écrit n'était suivi que
dans peu de Parlements et qu'il diminuait les
droits de celui qui était investi de la propriété, on
dut emprunter le mode de fonctionnement du droit
que l'on voulait reconnaître aux ascendants, à la
législation coutumière, à celle qui était appliquée
dans la plus grande partie de la France.

C'est comme droit de succession *ab intestat* que
le droit de l'ascendant donateur a été envisagé
par le législateur. La place de l'art. 747 dans le
Code civil en est un premier indice ; cette disposition se trouve en effet dans le titre « Des Suc-
« cessions » et dans la section ayant pour rubrique:
« Des Successions déférées aux ascendants. » Si
l'on se rapproche davantage de l'article, si on en
lit les termes, on constate qu'il établit réellement

un droit de succession , car il commence par ces
mots : «les ascendants succèdent. » Il s'agit donc
d'un droit successif qui est accordé aux ascendants
et c'est ainsi, au moins quant au point de départ,
la tradition de la France coutumière que les rédacteurs du Code civil ont entendu renouer. Cette
première constatation est très importante, car elle
permet de corriger certaines expressions qui pourraient paraître douteuses dans quelques textes auxquels nous devrons recourir pour combler les lacu-
nes que nous trouverons dans l'art. 747. L'art. 351
du Code civil étend les dispositions de l'art. 747 à
l'adoptant qui a fait des donations à l'adopté, et
déclare que : « les choses données par l'adoptant...
« retourneront à l'adoptant. » L'expression employée pourrait faire supposer qu'il s'agit du
droit de retour des pays de Droit écrit, mais
l'art. 747, qui est la base du système admis dans
le Code sur la nature des droits accordés aux ascendants donateurs, permet de repousser toute
hésitation sur ce point, et d'affirmer que l'adoptant jouit également d'un droit de succession.
L'art. 352 dissipe, du reste, toute raison de douter
en disposant que « l'adoptant succèdera aux cho-
« ses par lui données, comme il est dit en l'article
« précédent. » La combinaison des art. 351 et 352
et leur rapprochement de l'art. 747 établissent
ainsi l'existence d'un droit de succession en faveur
des ascendants donateurs, légitimes ou adoptants.
— De même, l'art. 766 déclare que « en cas de

9

« prédécès des père et mère de l'enfant naturel.
« les biens qu'il en avait reçus, passent aux frères
« et aux sœurs légitimes..... » et l'on doit reconnaître qu'ils passent en vertu d'un droit de succession : c'est donc encore là un cas de retour successoral, mais nous aurons à examiner si cet
article rentre dans le cadre de notre sujet.

L'emploi de ces expressions, qui semblent
inexactes, indique une préoccupation des rédacteurs du Code civil; tout en considérant le droit de
l'ascendant donateur comme un droit de succession, ils ne l'ont pas envisagé uniquement comme
tel : ils ont songé à ce que l'on décidait dans les
derniers temps de notre ancienne législation, lorsque le mot « retour » s'appliquait même à un droit
successif, parce que, comme disait Lebrun (1),
« ce droit est mêlé de succession et de réversion. »
Nous pourrons, par conséquent, tenir compte dans
l'examen des controverses de ce qui était admis
dans les derniers temps de notre ancienne législation.

L'étude des législations antérieures au Code
civil et les considérations qui servent de base à
l'art. 747 établissent suffisamment que le droit
de retour, qui est créé au profit de l'ascendant donateur, est tout à fait exceptionnel, qu'il donne
naissance, en dehors des règles ordinaires des
successions et à côté d'elles, à une vocation toute

(1) Lebrun, *Successions*, l v. I, ch. v, sect. II, 57.

spéciale; mais nous ne devons jamais perdre de vue que cette vocation n'existe qu'en faveur de personnes limitativement déterminées et est restreinte à certains biens; c'est ce qui est consigné dans l'art. 747 Civ. : « Les ascendants succè- « dent à l'exclusion de tous autres. » C'est-à-dire que ce droit n'appartient qu'à eux seuls et ils succèdent « aux choses par eux données », ce qui signifie qu'il faut qu'ils aient donné certaines choses et que le droit qui leur est accordé ne porte que sur ces choses. Si donc nous supposons qu'une personne décède sans postérité, laissant dans son patrimoine des biens qui lui ont été donnés par un ascendant survivant et d'autres biens, il y aura, outre la succession ordinaire, une succession exceptionnelle que les jurisconsultes ont appelée anomale et à laquelle sera appelé l'ascendant qui aura fait la libéralité : cette succession comprendra seulement les biens qui ont été donnés.

Il résulte donc de ce qui précède que l'art. 747 crée, à côté de la succession ordinaire, une succession anomale qui est complètement distincte de la première (1); les titres des appelés sont différents : les uns viennent en vertu du droit commun, les autres par suite d'une faveur exceptionnelle ; la masse successorale n'est pas composée de la même manière : dans l'une peuvent être

(1) Civ. 1, 8 mars 1858. Dalloz, P. 58, 1, 97. Bourges, 20 janvier 1879, Dalloz, P. 79, 2, 174.

compris tous les biens du *de cujus*; l'autre ne comprend que certains biens spécialement déterminés. Cette coexistence de deux successions étant établie, nous devons en conclure que, du jour de l'ouverture des successions, les personnes appelées sont complètement étrangères les unes aux autres, car leur vocation n'a ni le même point de départ ni le même objet. Elles ne peuvent donc pas invoquer, les unes à l'égard des autres, les dispositions de la loi qui concernent les héritiers appelés à une seule succession, c'est-à-dire que les droits conférés sur une succession n'auront aucun effet vis-à-vis de l'autre.

Les conséquences qui découlent de cette distinction font mieux ressortir la séparation qui existe entre les deux successions.

La vocation à l'une d'elles ne confère pas de droits sur l'autre ; par suite , l'ascendant peut être appelé à la succession anomale, mais être écarté de la succession ordinaire. C'est, en effet, de sa qualité de donateur qu'il tient ses droits sur la première. En outre, l'art. 747 disant qu'il succède à l'exclusion de tous autres, il n'a pas à craindre d'être primé par des héritiers, même plus proches, s'ils ne sont pas descendants du donataire.

La distinction entre les deux successions empêche tout accroissement de l'une à l'autre. Si un des héritiers appelés à la succession ordinaire vient à faire défaut, ce sont les autres héritiers appelés à la même succession qui recueillent la part caduque; mais l'ascendant donateur n'a aucun droit sur cette part. Il serait possible cependant que tous les ordres d'héritiers qui priment l'ascendant donateur dans la succession ordinaire fissent défaut, et que celui-ci fût appelé : mais ce ne serait plus alors en vertu d'un droit d'accroissement dérivant de la qualité qui lui est conférée par l'art. 747, ce serait en vertu d'une vocation nouvelle, qui ne s'appuierait plus sur des règles exceptionnelles, mais bien sur les règles ordinaires en matière de succession. S'il arrivait que dans la succession ordinaire l'ascendant fut en concours avec d'autres héritiers et que l'un d'entre eux fît défaut, il y aurait lieu à accroissement, mais on ne tiendrait pas compte des biens de la succession anomale pour établir la proportion dans laquelle chaque cohéritier de la succession ordinaire profitera de la part laissée vacante.

On pourrait objecter qu'il n'y a pas sans doute accroissement en faveur de l'ascendant donateur si un des héritiers de la succession ordinaire vient à faire défaut, mais qu'il en sera autrement si l'ascendant qui doit recueillir la succession anomale ne se présente pas ; alors l'accroissement aura lieu en faveur de ceux qui seront venus à la succession ordinaire. Il est aisé de remarquer que, dans ce cas, ce n'est pas par voie d'accroissement que la succession anomale est dévolue aux héritiers ordinaires ; l'accroissement n'a pas lieu d'une suc-

cession à l'autre, car il n'y a plus deux successions; il n'en reste qu'une, la succession ordinaire; l'autre n'existe pas, puisqu'un élément es-
sentiel à son existence vient à manquer, à savoir
le donateur.

Une hypothèse plus rare peut se présenter,
c'est celle de la coexistence de deux successions
anomales et d'une succession ordinaire; le grand-
père a fait une donation, le père en a fait une autre, et le descendant meurt laissant, en outre, des
acquêts. Il y a trois successions qui restent complètement distinctes; si l'un des donateurs répudie
la succession à laquelle il est appelé, une succession anomale disparaît et les biens donnés par celui qui répudie restent dans la succession ordinaire; mais on ne pourra pas dire qu'ils y viennent
par voie d'accroissement. L'accroissement, en effet,
provient, non pas de l'adjonction d'un bien à la
masse de la succession, mais de la défaillance d'un
héritier; or, le nombre de ceux qui sont appelés
à la succession ordinaire ne change pas, c'est la
somme des biens formant la succession qui aug-
mente.

Puisque les deux successions sont distinctes, on
ne doit pas appliquer les règles qui fixent les rapports entre cohéritiers à l'hypothèse dont nous
nous occupons. Ainsi, l'ascendant donateur et les
héritiers appelés à la succession ordinaire n'exer-
çant pas leurs droits sur les mêmes biens, il n'y
a pas indivision entre les appelés à ces deux suc-

cessions et, par suite, le partage n'est pas nécessaire pour établir limitativement les droits des héritiers ordinaires vis-à-vis de l'ascendant. Puisque
celui-ci reste étranger au partage qui a lieu entre
les héritiers ordinaires, il n'a pas à subir les conséquences qui peuvent résulter d'un partage dé-
fectueux, pour assurer l'égalité des lots et leur con-
sistance réelle. Le législateur a aussi déclaré que
les cohéritiers étaient garants respectivement les
uns vis-à-vis des autres des biens compris dans
leurs lots (art. 884 Civ.) ; cette obligation de garantie n'existe pas pour l'ascendant donateur, car
il n'a de vocation qu'à des biens déterminés, qui
n'occupent aucune place dans la succession ordinaire, et dont l'existence est sans influence sur les
opérations ayant pour but de fixer la part de chaque cohéritier.

Le partage entraîne, en outre, le rapport : c'est-
à-dire que ceux qui sont appelés à une succession
doivent remettre dans la masse partageable les libéralités qu'ils ont déjà reçues du défunt. Ce rapport n'est dû (art. 857) que par le cohéritier
à son cohéritier ; il n'y a donc pas lieu de s'en
préoccuper quant à l'ascendant donateur, car il
n'est pas cohéritier de ceux qui viennent à la succession ordinaire, puisqu'il n'est pas appelé à cette
succession. En conséquence, l'ascendant ne peut
pas plus réclamer le rapport qu'on ne peut le réclamer contre lui ; l'ascendant n'aurait, du reste,
aucun intérêt à l'exiger, puisqu'il se ferait dans
une succession à laquelle il n'est pas appelé.

Enfin, voulant éviter l'immixtion dans les affaires de famille d'étrangers qui n'y viendraient que
dans un but de spéculation, le Code civil permet
d'écarter du partage toute personne, même parente
du défunt, qui n'est pas son successible et à laquelle un cohéritier a cédé son droit à la succession (art. 841). L'ascendant qui n'est appelé qu'à
la succession anomale ne peut exercer le retrait
vis-à-vis d'une personne qui a acheté des droits
dans l'autre succession; de même, les héritiers ordinaires ne peuvent écarter celui qui a acheté les
droits de l'ascendant, car il n'est pas leur cohéritier.

Ces conséquences, qui résultent de l'existence
de deux successions distinctes, ne seraient modifiées en rien si l'ascendant donateur était investi à
la fois de cette qualité et de celle de successeur
ordinaire : à raison de ce dernier titre, il peut jouir
de l'accroissement, mais dans la proportion de sa
part dans la succession ordinaire; il peut exiger le
partage et doit la garantie des lots ; il a droit au
rapport et peut exercer le retrait successoral, mais
il agira alors comme héritier ordinaire, la succession aux biens donnés restant toujours en dehors.

Ainsi donc, un ascendant peut être appelé à la
fois à la succession anomale comme donateur et à
la succession ordinaire parce qu'il se trouve le plus
proche en degré; il y a lieu de rechercher jusqu'à
quel point les deux vocations sont indépendantes
l'une de l'autre et si, par conséquent, l'acceptation

de l'une entraîne l'acceptation de l'autre. La solution qu'il convient de donner à la question est suffisamment amenée par la distinction que nous avons
établie entre les deux successions; les qualités qui
servent de base aux droits à exercer sont aussi
différentes que les successions elles-mêmes et l'on
doit, par suite, pouvoir accepter une succession et
répudier l'autre. Que l'on ne vienne pas invoquer
la maxime : *Nemo pro parte heres*; on n'hérite pas
pour partie si on n'accepte qu'une succession, puisque chacune forme un tout complet.

On (1) a essayé de nier la possibilité pour l'ascendant d'accepter la succession anomale et de répudier la succession ordinaire, en disant qu'il
n'avait aucun intérêt à cela, puisqu'en acceptant la
première il restait tenu des dettes et que, dans aucun cas, la succession anomale ne pouvait présenter beaucoup plus d'avantages que la succession
ordinaire. Bien que ce parti présente encore des
inconvénients, l'ascendant peut cependant avoir
un intérêt au moins moral à s'en tenir au privilège
qui lui est conféré par l'art. 747, car les choses
qu'il va reprendre sont celles qu'il a données,
peut-être des biens de famille qu'il ne veut point
voir passer en des mains étrangères, et alors il
consent à faire quelques sacrifices pour les faire
rentrer dans son patrimoine, sacrifices qu'il ne ferait pas pour d'autres choses qui lui seraient in-

(1) Delvincourt, II, page 18, note 4.

différentes. D'autres motifs peuvent amener cette
détermination; on voudra s'en tenir à la succession
anomale pour éviter des procès, pour favoriser indirectement un cohéritier.

Le doute a surgi avec plus de force sur la
question de savoir si l'ascendant donateur pouvait répudier la succession anomale pour s'en
tenir à la succession ordinaire; cependant, sur ce
point encore, l'affirmative doit triompher dans
toutes les hypothèses qui peuvent se présenter.
Si l'ascendant est en concours avec d'autres cohéritiers dans la succession ordinaire, par sa renonciation à l'autre, il n'en reste qu'une et le partage
se fait suivant les règles générales. Si l'ascendant
est seul appelé aux deux, et s'il renonce au bénéfice de l'art. 747, il n'y a plus qu'une succession,
à laquelle il reste seul ayant droit. Les divers
partis que prend l'ascendant peuvent être dic-
tés par l'intérêt résultant de l'existence de la
réserve qui se trouve dans la succession ordinaire. Nous examinerons, dans un chapitre spécial,
les questions que soulève l'existence de cette réserve à propos des droits de l'ascendant donateur.

Les jurisconsultes se sont demandé comment il
fallait interpréter, en présence d'une vocation à
deux successions, une acceptation ou une renonciation qui ne seraient pas suffisamment explicites.
Si les circonstances de fait n'éclairent pas la question, il faut, ce semble, se prononcer toujours en
faveur de l'interprétation qui suppose l'abandon

de droits le moins étendu. Mais de l'indépendance
respective des deux successions, il résulte que si
l'ascendant appelé aux deux fait acte d'héritier
par rapport aux biens qui composent l'une des
deux masses successorales, on ne peut pas en tirer
de conséquence sur le parti qu'il est présumé
prendre relativement à l'autre. (1)

Enfin le droit de retour légal étant un droit de
succession, il faut, quant à son ouverture, appliquer les règles ordinaires et déclarer que, dans l'é-
tat actuel de la législation, il ne s'ouvre que par
la mort naturelle; et on ne peut pas y renoncer
avant qu'il ait été ouvert (2).

Les caractères du retour légal étant ainsi exposés, on doit, comme conclusion, décider que puisque l'ascendant est seul appelé dans les conditions
que nous venons d'indiquer à la succession anomale, c'est parce qu'il est héritier, et nous devons
lui appliquer toutes les conséquences de cette
qualité d'héritier et dire que :

Il est saisi comme l'héritier légitime, (art. 724) ;

Il doit respecter les actes faits par son auteur ;

Il est soumis à toutes les conditions de capacité
et ne doit pas être frappé d'indignité ;

Lorsque la succession anomale a reposé un
instant de raison sur sa tête, il transmet ses droits

(1) Aubry et Rau, VI § 640 bis. Cass. 8 janvier 1869, Sirey,
70, 1, 69.

(2) Rennes, 20 août 1870, Dalloz, P. 73, 2, 192. Angers,
18 décembre 1878, Dalloz, P. 79, 2, 172.

à ses héritiers s'il décède avant d'avoir pu les recueillir.

Comme héritier présomptif, il peut, dans le cas d'absence, demander l'envoi en possession (1);

Il peut accepter sous bénéfice d'inventaire;

Il est soumis au paiement des droits de mutation.

Bien que l'on soit d'accord pour reconnaître que l'art. 747 crée au profit de l'ascendant donateur un droit de succession, certains jurisconsultes contestent cependant à ce dernier la qualité d'héritier et, par suite, nient les conséquences que nous avons déduites.

On dit : les ascendants ne sont pas héritiers, mais seulement successeurs universels, ils n'ont donc pas la saisine (2).

Pour soutenir qu'ils ne sont pas héritiers, on fait remarquer que les articles qui établissent le droit de retour ne leur donnent pas cette qualité. Elle leur est même refusée par l'art. 724 qui déclare héritiers légitimes ceux que leur parenté seule appelle à la succession du défunt, et qui exige de plus une vocation à la totalité. Or, ajoute-t-on, l'ascendant donateur n'invoque pas seulement sa parenté légitime qui serait insuffisante, il s'appuie encore sur la donation qu'il a faite, et, en second

---

(1) Nancy, 31 janvier 1833. Dalloz v° *Absent*, 669.

(2) Aubry et Rau, t. VI, § 640 *bis*, texte et note 2, page 717. Laurent, IX, 195. *Contrà*. Demolombe, XIII, 481 *bis*. Marcadé, art. 747, IX.

lieu, il n'a pas de vocation à tous les biens, mais
seulement à une portion limitée qui, sans doute,
peut constituer une individualité, mais qui n'est
qu'une universalité restreinte dans le patrimoine.
Enfin, on ne doit pas perdre de vue que la succession dont il s'agit est exceptionnelle, et que l'art.
724 ne s'applique qu'aux successions régulières
et nullement aux successions irrégulières des enfants naturels, du conjoint survivant et de l'Etat.
Pourquoi la succession anomale ne serait-elle pas
soumise aux mêmes règles que les autres successions exceptionnelles? On conclut de là que la
qualité d'héritier doit être refusée à l'ascendant
donateur, mais on lui donne celle de successeur
universel : comme première conséquence, on déclare que l'ascendant n'a pas la saisine ; sans
indiquer ici les autres résultats auxquels nous
amène ce système, nous allons essayer de le réfuter.

Quoiqu'elle soit exceptionnelle, la succession
déférée aux ascendants donateurs n'en est pas
moins une succession régulière, car elle est consacrée dans l'art. 747 qui se trouve parmi les textes qui appellent les ascendants aux successions;
on ne peut contester que les dispositions qui précèdent et celles qui suivent, ne reconnaissent aux
ascendants la qualité d'héritiers légitimes; pourquoi faire, entre ce cas et les autres cas prévus
dans la même section, une distinction qui n'est
autorisée en aucune manière? Si le législateur

n'avait pas considéré le droit de retour légal
comme un droit de succession légitime, c'est au
titre des successions irrégulières qu'il aurait
placé la disposition relative à l'ascendant donateur. L'art. 724, du reste, n'est nullement en désaccord avec ce système; il le fortifie, au contraire,
car il peut être divisé en deux parties; la première
dans laquelle il accorde la saisine aux héritiers
légitimes, la seconde dans laquelle il la refuse
aux successeurs irréguliers, non pas en les indi-
quant par cette expression large, mais en les dé-
signant séparément; il excepte les enfants naturels,
l'époux survivant et l'Etat dont les droits sont
déterminés dans le même chapitre. Or comment
peut-on admettre que les ascendants appelés dans
un autre chapitre soient assimilés à ces derniers,
alors surtout que pour tous les héritiers appelés
dans le même chapitre que l'ascendant, on emploie une expression vague qui peut comprendre
même les donateurs? Il ne faut pas objecter que
les ascendants ne sont pas considérés, en matière
de retour légal, comme des héritiers légitimes
parce que c'est leur qualité de donateur qui crée
un droit de succession à leur profit; il est plus
exact de reconnaître qu'ils sont aussi appelés parce qu'ils sont héritiers légitimes et que c'est cette
double qualité qui leur a fait accorder cette faveur.
On pourrait répondre que, pour être reconnus comme héritiers légitimes, il faut, outre la vocation
à l'universalité juridique, être les représentants

de la personne du défunt ; cette double qualité ne
saurait être contestée à l'ascendant qui représente
le défunt dans la succession anomale.

Ceux qui soutiennent que l'ascendant donateur
doit être considéré comme un successeur universel,
reculent devant les conséquences de ce système.
En effet, si l'ascendant n'est pas héritier, il n'a pas
la saisine et il doit demander la délivrance comme
les successeurs irréguliers ; l'art. 724 ne laisse pas
de moyen terme : ou l'on a la saisine, ou l'on doit
demander la délivrance. Or, MM. Aubry et Rau(1)
qui se prononcent contre la saisine, déclarent que :
« quoique le retour légal n'entraîne pas la saisine
« héréditaire, les personnes, au profit desquelles il
« est ouvert, ne sont cependant pas obligées de
« demander aux héritiers la délivrance des objets
« soumis à leur droit ; elles sont autorisées à se
« mettre, par elles-mêmes, en possession de ces
« objets, à moins que de fait ces derniers ne les
« aient déjà appréhendés, auquel cas elles jouis-
« sent pour en réclamer la restitution, d'une action
« universelle analogue à l'action en pétition d'hé-
« rédité. » Ainsi, on met les ascendants dans une
situation mixte ; mais pour établir cet état de
choses particulier, il faudrait un texte : on organise
une procédure spéciale, un mode de mise en
possession nouveau, on fait des distinctions et tout
cela arbitrairement, alors que la loi ne distingue

(1) Aubry et Rau, VI, § 640 *bis*, page 719.

pas. Ces hésitations démontrent la faiblesse du système qui repousse une solution, mais qui craint d'adopter les conséquences de celle qu'il propose.

Nous mentionnerons, en terminant, l'opinion de M. Laurent (1) sur cette question : ce jurisconsulte considère l'ascendant donateur comme un successeur à [titre particulier. Nous n'insisterons pas sur ce système qui se trouve refuté *a fortiori* par les considérations qui précèdent.

(1) Laurent, IX, 190.

CHAPITRE II

Dans quels cas le droit de retour légal accordé aux ascendants donateurs peut-il être exercé ?

Nous allons d'abord étudier cette question dans l'art. 747 qui est la disposition principale de la matière, et nous rechercherons ensuite dans quelle mesure il a été complété par les autres dispositions du Code civil qui traitent du retour légal.

L'art. 747 accorde un droit de retour aux ascendants, et, comme nous l'avons déjà constaté, cette disposition se trouve au titre « des Successions », et dans la partie qui a trait aux successions légitimes : il s'agit donc d'une faveur accordée d'abord aux ascendants légitimes. En second lieu,

10

l'article que nous étudions parle des ascendants, sans parler plus spécialement des père et mère : il faut en conclure qu'il s'applique à tout ascendant sans qu'il y ait lieu de se préoccuper du degré. On n'a pas davantage à s'informer à quelle ligne appartient le donateur ; peu importe qu'il se trouve dans la ligne paternelle ou dans la ligne maternelle, la loi ne fait plus de distinction sur ce point.

De plus, la disposition de l'art. 747 s'applique uniquement aux ascendants, les rédacteurs du Code civil ayant rompu avec les usages de certains pays qui étendaient le retour aux collatéraux.

C'est celui par qui la chose a été donnée qui est appelé à la succession ; s'il est incapable de la recueillir au moment où le droit doit reposer sur sa tête, personne ne vient à sa place, et les biens restent dans la succession ordinaire. De même qu'il n'est remplacé par personne lorsqu'il ne se présente pas, de même, dans les cas où il peut être appelé, personne, hormis la postérité du donataire ne peut l'exclure ; il succède, dit l'art. 747, à l'exclusion de tous autres, pourvu que ses enfants ou descendants soient décédés sans postérité. Il est ainsi aisé de résoudre une difficulté qui fut soulevée dans les pays de Droit écrit, comme dans les pays coutumiers, mais dont la solution ne peut présenter aujourd'hui aucun doute. C'est la question de savoir qui est appelé à la succession anomale du petit-fils si le père est vivant, mais si la donation a été faite par le grand-père survivant aussi au petit-fils qui décède sans postérité? C'est le grand-père, puisque c'est lui qui a fait la donation et que cette qualité de donateur est nécessaire. Le législateur ne se préoccupe nullement du nombre de degrés qui séparent le donateur du donataire. Il dit en effet : les ascendants succèdent aux choses données à leurs enfants ou descendants. Cette dernière expression comprend la ligne descendante à l'infini.

Si une donation a été faite par Primus à son fils Secundus, et si celui-ci donne le bien à son fils Tertius, Tertius venant à mourir sans postérité, qui recueillera le bien, est-ce Secundus, le père, ou Primus, le grand-père? Il faudra rechercher quel est le véritable donateur ; si Primus a remis le bien à Secundus afin que celui-ci le donne à Tertius, c'est Primus qui sera appelé à la succession anomale ; si, au contraire, Secundus a donné un bien qu'il avait reçu de Primus sans que celui-ci songeât à la donation postérieure et sans qu'il l'imposât, le vrai donateur est Secundus, c'est lui qui invoquera l'art. 747.

D'autres difficultés peuvent se présenter : si la donation a été faite par deux ascendants à la fois, par exemple, par le père et par la mère, il faudra rechercher dans quelle mesure chacun d'eux s'est appauvri ; cette mesure sera celle dans laquelle chaque ascendant pourra invoquer l'art. 747.

La donation peut avoir été faite par un ascendant à deux descendants : un père a fait le partage de ses biens entre ses deux enfants, l'un d'eux vient à mourir sans postérité, le père exercera sur les biens qu'il a donnés au défunt son droit de retour légal.

La succession anomale s'ouvre donc lorsque l'ascendant donateur n'est pas exclu par la postérité du donataire, mais, comme disent MM. Aubry et Rau (1), ce n'est pas l'existence physique des descendants qui est un obstacle à l'exercice du droit conféré par l'art. 747 ; il peut arriver que des descendants existent, mais qu'ils n'aient pas la qualité d'héritiers, soit parce qu'ils ont renoncé à la succession, soit parce qu'ils sont incapables ; aux yeux du législateur, c'est comme s'ils n'existaient pas par rapport aux ascendants donateurs qui pourront se présenter sans craindre d'être repoussés.

Mais quelle est cette postérité qui exclut l'ascendant donateur, quelle est l'étendue de l'expression employée dans l'art. 747 ? Cette expression comprend d'abord toute la postérité légitime, et l'on entend par ces termes tous les enfants issus d'un mariage du donataire ; peu importe que ces enfants soient nés avant ou après la donation, que la donation ait été faite en vue d'un mariage autre que celui d'où sont nés les enfants qui forment la postérité. Il n'y a plus de discussion à soulever sur

(1) Aubry et Rau, VI, § 608, page 350.

ce point; elle était possible autrefois, seulement
lorsque la dot et les donations *propter nuptias*
étaient seules sujettes au retour; car alors on
pouvait soutenir que la donation n'avait trait
qu'aux charges du ménage résultant de tel mariage déterminé : mais cette raison n'a plus de
portée aujourd'hui puisque la donation n'a pas
besoin d'être faite à l'occasion d'un mariage pour
être sujette au droit de retour.

Le mot postérité comprend-il tous les descendants ? Comprend-il les enfants adoptifs ? Comprend-il même les enfants naturels ? Ce sont là des
questions fort délicates et sur lesquelles la controverse peut se soulever encore aujourd'hui.

Les enfants adoptifs du donataire forment-ils un
obstacle à l'ouverture du droit de retour légal de
l'ascendant ? Bien que des autorités considéra-
bles (1) soutiennent que les enfants adoptifs du
donataire sont un obstacle à l'ouverture du droit
de retour légal, leur opinion cependant semble
devoir être repoussée. On dit, pour soutenir le système que nous combattons, que l'adopté a été mis
par le législateur sur le même rang que les enfants légitimes, surtout en ce qui concerne leurs
droits sur la succession de l'adoptant; en premier
lieu, l'art. 350, qui se trouve dans le chapitre de

_____

(1) Demante, III, 56 *bis*, IX. Marcadé, art. 747. Demolombe,
VI, 167 et 168. XIII, 508. Dalloz, v° *Succession*, 249 et suiv.
et v° *Adoption*, 205.

l'*Adoption*, déclare formellement que l'adopté a,
dans la succession de l'adoptant, les mêmes droits
que ceux qu'y aurait l'enfant né en mariage; des
applications ont été faites de cette disposition, notamment en ce qui concerne la réserve : la jurisprudence a admis que l'enfant adopté y avait droit ;
la solution qui est proposée ne serait qu'une autre
application de cette même disposition. Du reste,
si l'enfant adopté se présentait en concours avec
un enfant légitime, il profiterait de la présence de
celui-ci, et cependant cette présence n'a nullement
modifié ses droits; c'est ce qui ressort de l'art. 350.
On fait remarquer, en outre, que l'adoptant donateur pouvait aliéner ses biens et que, dans l'hypothèse qui nous occupe, il en a disposé tacitement,
mais très clairement toutefois, en conférant à
l'adopté un droit de succession sur ses biens. Enfin, on objecte que le droit de l'ascendant donateur
est exceptionnel et qu'on doit l'appliquer restric-
tivement.

Ce système a été repoussé, avec raison, par la
jurisprudence (1), car il méconnaît l'esprit de l'art.
747 et donne à l'art. 350 une trop large interprétation. L'art. 747 proclame un droit de succession
en faveur des ascendants pour éviter que les biens
qu'ils ont donnés passent en des mains étrangères. Dans deux cas seulement, l'ascendant dona-

_____

(1) Aubry et Rau, VI, § 608, texte et note 10, page 344.
Laurent, IX, 179.

teur est privé de son droit : lorsque le donataire a
irrévocablement disposé de son bien, et lorsque le
donateur est en concours avec la postérité du donataire, dit l'art. 747; avec ses descendants légitimes, dit l'art. 351. Or, vis-à-vis de l'ascendant
donateur, les enfants adoptés ne sont-ils pas des
étrangers? Peut-on dire que, par rapport à lui, ils
sont des descendants légitimes? Dans cette matière, la loi emploie, en effet, comme synonymes,
les mots : descendants légitimes et postérité. De
plus, l'art. 747 est dans une section du Code civil, où il n'est nullement question d'enfants adoptifs; les rédacteurs du Code n'ont certainement
pas songé à eux dans cette disposition; ce qui le
confirme, c'est que dans les art. 745, 746, 748 et
749, on constate que le mot postérité a pour équivalent descendants légitimes, et l'on en arrive à
l'assimilation complète des art. 351 et 747. Or,
l'art. 351 se trouve dans la matière de l'adoption
et déclare que les descendants légitimes forment
seuls un obstacle au droit de retour; si l'on rapproche cet article de l'art. 343 Civ., on remarque
que ce dernier oppose les descendants légitimes,
c'est-à-dire les enfants nés en mariage, à ceux que
l'on adopte. Il est aisé de conclure de ces rappro-
chements que le mot postérité, dans l'art. 747, exclut les enfants adoptifs. On ne peut, comme le
voudraient les partisans de l'opinion contraire, admettre que l'acte d'adoption qui n'a trait qu'à une
question d'état contienne tacitement une disposi-

tion de biens, surtout lorsqu'il s'agit de dépouiller un ascendant dont la situation favorable n'est nullement changée. Si la postérité issue du mariage le prive de l'exercice de son droit de retour, c'est parce qu'il a la consolation de voir ses biens transmis à des petits-fils qui remplacent dans son affection son fils donataire qu'il a perdu ; mais il ne sera nullement consolé de voir ses biens passer à un étranger, à un enfant adoptif qui a été introduit dans sa famille, malgré lui peut-être. Cette considération fait tomber les arguments de ceux qui voudraient que l'ascendant fût exclu par les enfants adoptifs ; car, lorsqu'ils disent que l'enfant adoptif profitera de la présence d'un enfant légitime, qui n'a pas pu cependant modifier la position de l'enfant adoptif, on répond que, pour l'ascendant, la situation n'est plus la même, parce qu'il voit sa famille se perpétuer dans la personne de ce petit-fils, qui lui est rattaché par les liens du sang. Quant à l'objection que l'on tire de l'art. 350, M. Laurent (1) la réfute en ces termes si nets : « Sans « doute, l'adopté a les mêmes droits sur la suc« cession de l'adoptant que l'enfant légitime, mais « de quoi se compose cette succession ? Comprend-« elle les biens donnés ? Non, car ces biens for« ment une succession à part qui est dévolue au « donateur, à moins que le donataire ne laisse que « des descendants légitimes. » Nous avons vu

(1) Laurent, IX, 179.

que l'on ne peut comprendre les enfants adoptifs parmi les descendants légitimes. Par suite, on doit décider que les descendants donateurs ne sont point exclus de la succession anomale qui est créée en leur faveur, par l'existence des enfants adoptifs du donataire, ces derniers n'étant nullement compris dans la postérité dont parle l'art. 747.

La question que nous venons d'examiner, à propos des enfants adoptifs, est également discutée à l'égard des enfants naturels. Ces derniers sont-ils compris dans la postérité dont parle l'art. 747, et doivent-ils écarter de la succession aux biens donnés l'ascendant donateur ? Des considérations puissantes sont invoquées en faveur de l'affirmative (1). On fait remarquer d'abord que l'art. 747 emploie le mot postérité, qui est une expression des plus larges et qui peut comprendre toute la descendance, soit légitime, soit naturelle. Si le législateur avait voulu exclure les enfants naturels, il l'aurait déclaré en termes exprès; on ne peut présumer une exclusion, une incapacité, surtout lorsque la règle générale, applicable aux enfants naturels et qui se trouve dans l'art. 757 Civ., appelle ces derniers, lorsqu'ils sont reconnus, à la succession de leur père et mère. On ajoute que la recon-

---

(1) Duranton, 81, nº 219. Marcadé, art. 747, III. Demante, III. 56 *bis*, IX. *Contrà*, Demolombe, XIII, 510. Aubry et Rau, VI, § 608, texte et note 11, page 344. Laurent, IX, 179. Douai, 14 mai 1851, Dalloz, P. 52, 2, 276. Civ. r., 9 août 1854, Dalloz, P. 54, 1, 265.

naissance entraîne une sorte de disposition de
biens en faveur de l'enfant naturel, et l'on fait remarquer que ce dernier est envisagé par la loi
aussi favorablement que l'ascendant, puisqu'elle
lui accorde, dans la succession de son auteur, une
quotité de biens dont il ne peut être privé. Enfin,
si l'enfant naturel est en concours avec un enfant
légitime, il profitera sûrement de la présence de ce
dernier qui empêche l'exercice du droit de retour ;
cependant, pour l'enfant naturel, la position est la
même.

Les partisans de ce système font, eux-mêmes,
un pas en arrière et sont obligés d'avouer que,
dans tous les cas, le droit de l'enfant naturel ne
peut s'exercer que sur la moitié des biens donnés,
puisqu'il n'a droit qu'à la moitié de ce qu'il aurait
eu s'il eût été légitime. Cette concession dévoile le
vice du système, car elle aboutit à un résultat que
la loi n'indique pas, qu'elle repousse au contraire :
en effet, ou bien il y a des héritiers préférés aux
ascendants, et alors pas de droit de retour ; ou bien
il n'y en a pas, et alors les ascendants sont appelés à l'exclusion de tous autres ; il ne peut donc y
avoir de partage dans la succession anomale. Si
l'on examine de plus près le système proposé, on
acquiert la conviction que les raisons qui font écarter les enfants adoptifs viennent avec beaucoup
plus de force militer contre les enfants naturels.
Et si, en effet, dans les dispositions qui précèdent
et qui suivent l'art. 747, on recherche de quelle

postérité, de quels descendants il s'agit, on voit
que le législateur ne songeait qu'aux successions
régulières, qu'à la famille légitime. L'art. 757 ne
suffit pas pour résoudre la question, car il fait connaître quelle est la part des enfants naturels, mais
il n'indique pas sur quels biens on la prend. Enfin
et surtout, il y a des raisons morales qui sont dé-
cisives, parce qu'elles s'inspirent de l'esprit de la
loi pour repousser la prétention de l'enfant naturel. M⁰ Ambroise Rendu le rappelait en ces termes : « Mais où est la consolation, c'est-à-dire la
« raison d'être de l'exception au droit de retour,
« quand il y a un enfant naturel, c'est-à-dire une
« personne dont la présence n'éveille que des
« souvenirs amers ; qui, bien loin de perpétuer
« l'image chérie d'un fils, ne perpétue que la ta-
« che imprimée à sa mémoire : au lieu d'une con-
« solation, c'est un chagrin de plus. Qu'on efface
« donc la pensée touchante et profonde de la loi
« romaine, ou qu'on écarte l'enfant naturel » (1).

Les ascendants légitimes ne sont donc privés du
droit de retour légal que par la postérité légitime
du donataire ; mais une fois exclus de la succession anomale, les ascendants ne peuvent plus invoquer l'art. 747, quels que soient les événements
qui suivent. Ainsi, il peut arriver que l'ascendant
qui a fait une donation à son fils soit exclu au décès de ce dernier par des petits fils légitimes et

(1) Dalloz, Rép. Pér. 1854, 1, 267.

que ceux-ci viennent à mourir ensuite sans postérité avant leur grand-père. Celui-ci peut-il, en
vertu de l'article 747, reprendre dans la succession
de son petit-fils les biens donnés à son fils ? La
question était controversée dans notre ancienne
jurisprudence, et l'on a essayé, mais en vain, de
soulever de nouveau la discussion sous l'empire du
Code civil. Il est certain que l'ascendant adoptant,
qui a fait une donation, peut, en s'appuyant sur
l'art. 352, reprendre les biens donnés à l'adopté,
même si, à la mort de ce dernier, ils ont été dévolus à ses enfants légitimes, décédés ensuite sans
postérité. On a voulu étendre cette disposition aux
ascendants légitimes, en faisant remarquer, en outre, que la solution que l'on propose est en tous
points conforme aux idées qui ont fait introduire
l'art. 747 dans nos lois. Du reste, l'art. 747 reproduit presque mot pour mot l'art. 315 de la Coutume d'Orléans, à propos duquel Pothier disait (1) :
« Le donateur succède à ces choses (aux choses
« qu'il a données) non seulement dans la succes-
« sion de son fils, à qui il les a données lorsqu'il est
« mort sans enfants, mais encore dans celle de
« l'enfant de ce fils qui les a eues de la succession
« de son père. » La solution contraire est admise (2) cependant aujourd'hui, presque sans con-

(1) Pothier, *Coutume d'Orléans*, art. 315.
(2) Demolombe, XIII, 512. Demante, III, 56 *bis*. X. Aubry et
Rau, VI, § 608, texte et note 24, page 349. Laurent, IX, 173.

testation, parce qu'elle repose sur les principes
généraux du droit et sur l'art. 747 lui-même.
D'abord, l'ascendant est un héritier; or, dès qu'une
succession dévolue à un ordre d'héritiers est acceptée, ceux qui auraient été appelés à défaut de
cet ordre ne sont plus appelés à remplacer les héritiers qui ont accepté, même si leur succession
devient vacante. De plus, l'ascendant doit venir
comme donataire; il prend les choses par lui données parce qu'elles ont cette qualité dans le patrimoine du donataire; mais, dans le patrimoine des
petits-fils, les biens y sont entrés en vertu d'un
droit de succession et non comme biens donnés;
l'ascendant n'est donc pas donateur vis-à-vis de
ce patrimoine et ne peut invoquer l'art. 747. Quant
à l'art. 352, il est exceptionnel et ne s'applique pas
ici; de même, les arguments tirés de l'ancien
Droit ne sont pas concluants, car la question y
était fort controversée. Il faut bien reconnaître
que la solution sera quelquefois rigoureuse pour
l'ascendant, c'est là une lacune de la loi qu'on serait heureux de voir combler.

Les ascendants légitimes dont nous venons de
parler ne sont pas les seules personnes qui puissent exercer le droit de retour légal; il en est d'autres à qui la loi a acccordé la même faveur : ce
sont les adoptants (art. 351). Le droit dont ils

Agen, 9 novembre 1847, Dalloz, P. 48, - 2, 33. Bastia, 21
août 1848, Dalloz, P. 48, 2, 130. Req., 20 mars 1850, Dalloz,
P. 50, 1, 145.

jouissent est le même que celui dont parle l'art.
.747, et il s'exerce dans les mêmes conditions; les
descendants de l'adopté sont également un obstacle à la succession des ascendants. Les enfants
adoptifs de l'adopté ne sont pas considérés comme
des descendants, en ce sens qu'ils n'empêchent pas
l'ouverture du droit de retour en faveur de l'adoptant; de même pour les enfants naturels.

Nous ne trouvons qu'une exception aux règles
générales que nous avons posées : c'est dans le
cas où l'adopté est mort laissant des enfants légitimes. Si ces derniers meurent avant l'adoptant,
celui-ci peut exercer son droit de retour comme il
l'aurait exercé vis-à-vis de l'adopté lui-même;
nous avons du reste mentionné déjà cette solution.
L'adoptant seul peut invoquer l'art. 352 : ses droits
ne sont transmissibles à personne, et ses héritiers,
quels qu'ils soient, même ses descendants, ne peuvent pas venir en son lieu et place.

Outre la famille légitime et la famille adoptive,
il y a encore les liens qui dérivent de la parenté
naturelle, et l'on se demandait, dans l'ancien Droit,
si le père pouvait reprendre, dans la succession de
son enfant naturel, les biens qu'il avait donnés.
Cette question est encore controversée aujour-
d'hui, et nous devons l'examiner pour savoir si
cette classe d'ascendants jouit aussi du droit de
retour.

Si l'enfant naturel a été reconnu par un seul de
ses ascendants, la question offre peu d'intérêt, car

l'ascendant sera seul appelé à la succession, et par suite, la confusion se produira entre la succession anomale et la succession ordinaire. Cependant l'ascendant pourrait vouloir reprendre seulement les biens donnés et répudier la succession ordinaire, alors il pourrait y avoir intérêt à savoir si la succession anomale existe réellement. La solution de la question sera la même, que l'enfant ait été reconnu seulement par son père, ou qu'il ait été reconnu par son père et par sa mère. Dans ce dernier cas, la question présente le plus grand intérêt ; c'est aussi dans cette hypothèse que nous allons nous placer. Lorsqu'un enfant naturel vient à mourir après avoir été reconnu par son père et par sa mère, si l'un d'entre eux lui a fait des libéralités, l'ascendant donateur va-t-il les recueillir à l'exclusion de l'autre, ou bien, au contraire, les biens donnés resteront-ils dans la masse du patrimoine du *de cujus*, et seront-ils partagés entre le père et la mère ?

Il semble que l'on doive se prononcer immédiatement en faveur du donateur (1), car les biens qui composent la succession de l'enfant naturel, peuvent provenir exclusivement des libéralités d'un seul des ascendants, tandis que l'autre a peut-être compté sur une partie de cette fortune, en faisant la reconnaissance. Du reste, notre législation actuelle est moins sévère que l'ancienne

(1) Marcadé, art. 747, II. Duranton, VI, 221.

législation à l'égard de ceux que cette dernière appelait les bâtards : un droit de succession existe en leur faveur. Pourquoi donc refuserait-on à l'ascendant naturel, un droit de succession qui est parfaitement compatible avec la situation qui lui est faite dans les temps modernes ? Les motifs par lesquels on justifie l'article 747, peuvent tous être reproduits en faveur de l'ascendant qui, après avoir reconnu un enfant, l'a comblé de ses bienfaits. Le législateur ne doit-il pas protéger ces donateurs, ne doit-il pas encourager, dans une certaine mesure, des libéralités qui ont pour but, le plus souvent, d'assurer aux enfants naturels une existence plus facile ? Ce serait une éventualité bien pénible et qui pourrait arrêter bien des libéralités, que celle qui exposerait un ascendant à voir des personnes pour qui il a peut-être peu d'estime venir lui disputer les biens qui devaient mettre à l'abri du besoin, un être que peu de liens rattachaient à la société. Enfin, la condition que l'on présumait, en Droit romain, dans l'esprit du donateur s'accomplit ici d'une façon bien frappante, car c'est bien exclusivement en vue de l'enfant naturel reconnu, que la donation avait été faite, et l'on ne peut admettre que lorsque celui-ci meurt sans postérité, les biens doivent passer, en partie au moins, à d'autres qu'à celui qui les a donnés.

La loi, en outre, ne semble pas être opposée à ce système, et l'article 747 dit : « Les ascendants

« succèdent ». Celui qui reconnaît un enfant
naturel est bien un ascendant, et il a un droit de
succession sur les biens de l'enfant, car l'art. 765
s'exprime ainsi : « La succession de l'enfant
« naturel décédé sans postérité, est dévolue au
« père ou à la mère qui l'a reconnu... » Enfin, l'article 766 crée un droit de succession anomale au
profit des frères et sœurs légitimes de l'enfant
naturel, *a fortiori* doit-on l'accorder à celui qui a
fait une donation.

Malgré cette argumentation, dont la valeur est
considérable, on est obligé de reconnaître que la
loi n'a pas accordé aux ascendants un droit de
retour sur les biens qu'ils ont donnés à leurs
enfants naturels (1). Bien que les motifs sur
lesquels on s'appuie, soient les mêmes que ceux
que l'on fait valoir à propos des enfants légitimes,
les travaux préparatoires du Code civil semblent
indiquer cependant qu'on n'a rien voulu accorder,
sur ce point, aux ascendants naturels (2). Quant
aux textes, ils ne sont nullement en faveur des
ascendants. Bien au contraire : l'article 747 parle
des ascendants en termes généraux; mais nous
avons déjà constaté que cette disposition se trouve
placée dans un chapitre où l'on traite des successions régulières, et l'on doit, pour interpréter un

(1) Demolombe, XIII, 495 et 496. Aubry et Rau, VI, § 608,
texte et note 23, page 349. Demante, III, 85 *bis*, II. Laurent,
IX, 171.

(2) Fenet, XII, page 32.

texte de loi, considérer la place qu'il occupe. En
ce qui touche les articles qui se trouvent au
chapitre des successions irrégulières, ils ne font
d'abord aucune allusion au droit de retour en
faveur des ascendants ; l'art. 765 crée à leur
profit un droit de succession, mais il ne se préoccupe, en aucune façon, de l'origine des biens ; si
un seul ascendant a reconnu l'enfant qui est
décédé sans postérité, il a toute la succession ; si
les deux ascendants l'ont reconnu, ils partagent
entre eux les biens, mais sans que l'on ait à considérer d'où ils proviennent. Du reste, c'est un
principe qui domine dans le Code civil, on ne
doit pas, en règle générale, tenir compte, dans les
partages, de l'origine des biens ; pourquoi ferait-on,
sans l'appui d'aucun texte, une exception aussi
importante ?

L'art. 766 établit, il est vrai, un droit de retour au profit des frères et sœurs légitimes d'un
enfant naturel qui a reçu des biens de son ascendant, mais ce droit de retour ne repose pas sur les
mêmes considérations que le droit consacré dans
l'art. 747, et, par suite, on ne peut en déduire une
extension en faveur d'autres personnes que celles
qui y sont désignées. Les frères et sœurs légitimes
de l'enfant naturel sont appelés à cette succession
anomale, non pas pour les consoler, non pas pour
encourager certaines libéralités, mais parce que le
législateur a pensé que, lorsque cela serait possible, il fallait faire revenir à la famille légitime

les biens qui en étaient sortis ; la donation de l'ascendant a eu pour but d'atténuer les conséquences
d'une faute ; peu importe qu'il diminue son patrimoine, mais il ne faut pas que la famille légitime
ait à souffrir de cette situation ; aussi, lorsque les
biens peuvent revenir à ceux qui n'ont aucune
faute à réparer, on doit faciliter ce retour qui
est conforme aux règles de la justice. On ne
peut induire de ces considérations que le législateur ait établi un droit exceptionnel en faveur des
ascendants naturels ; il l'a fait expressément pour
l'adoptant, il faudrait ici de même une disposition
expresse. Cette solution sera peut-être quelquefois
rigoureuse pour l'ascendant ; c'est une considération qui peut avoir de la valeur auprès de ceux
qui font la loi, mais non auprès de ceux qui l'in-
terprètent.

Il faut décider par conséquent qu'un lien dérivant de la filiation naturelle ne suffit pas pour
qu'une succession anomale puisse exister en faveur de l'ascendant naturel donateur et en dehors
de tout texte précis. Par suite, on doit décider que
la donation faite par le grand-père naturel au fils
légitime de son fils naturel n'est pas sujette au
droit de retour légal ; de même, il n'y a pas
lieu à retour légal en faveur de l'ascendant
qui a fait une donation au fils naturel de son fils
légitime.

CHAPITRE III

A quels biens s'applique le droit de retour légal ?

———

Aux termes de l'art. 747, « les ascendants suc-
« cèdent... aux choses par eux données. » Le mot
« choses », dans sa signification étendue, comprend
aujourd'hui à la fois les meubles et les immeubles,
les biens corporels et les biens incorporels; la
controverse qui existait dans notre ancien Droit,
sur le point de savoir si les meubles étaient sujets
au droit de retour, est aujourd'hui complètement
apaisée. .

Pour être sujets au droit de retour, les biens
doivent avoir la qualité de choses données par les
ascendants; nous devons donc déterminer ce qui

imprime à une chose cette qualité. Le bien sur lequel l'ascendant prétend exercer son droit de retour légal, doit être entré dans le patrimoine du descendant à suite d'une libéralité ; nous indique-
rons en premier lieu, la donation entre-vifs faite
directement ou indirectement ; on ne doit pas se
préoccuper des motifs ou des formes de la donation, il suffit qu'il soit résulté de l'acte un enrichissement. La libéralité peut avoir été faite soit
dans un acte distinct dont elle était le seul objet,
soit dans un contrat de mariage, soit dans tout
autre contrat. Par exemple, un contrat à titre
onéreux peut cacher une donation ; mais, s'il en est
ainsi, l'ascendant peut-il être admis à prouver la
simulation ? Si on refusait d'accepter cette preuve,
on en arriverait à valider une renonciation indirecte à une succession ; en effet, si l'ascendant ne
peut prouver que le contrat à titre onéreux contient en réalité une libéralité, il en résultera que,
par un acte simulé, il pourra renoncer tacitement,
indirectement, à la succession anomale de l'article 747 ; or, la loi interdit formellement les renon-
ciations à une succession non ouverte ; les ascendants devront donc être toujours admis à prouver
que les actes à titre onéreux qu'ils ont passés
avec leurs descendants contiennent des libéralités
sujettes au droit de retour.

Mais, à l'inverse, les intéressés peuvent être
admis à prouver que des actes qui ont l'apparence
de donations contiennent des charges telles qu'ils

constituent en réalité des actes à titre onéreux : ce point est reconnu sans hésitation par la jurisprudence (1).

La libéralité peut avoir été faite dans un règlement d'affaires de famille ; elle peut résulter, par exemple, d'un partage d'ascendants (2) ; elle peut contenir purement et simplement un avancement d'hoirie, ou bien consister dans un préciput : en un mot, il suffit que le descendant ait reçu un avantage, pour qu'à son décès, l'ascendant donateur puisse le reprendre à titre de succession.

Outre les libéralités entre-vifs, dont l'effet, d'après notre législation, doit être immédiat, il y a certaines libéralités dont l'effet est retardé ; ce sont les legs et les donations de biens à venir faites par contrat de mariage. A l'occasion du droit de retour à exercer, il ne peut être question de ces libéralités parce qu'elles n'ont pas encore à ce moment produit leur effet, les biens qui les composent n'étant pas encore entrés dans le patrimoine du descendant. Dans cette hypothèse, pour que la libéralité ait lieu, il faut que le donateur ou testateur soit décédé avant le donataire de biens à venir ou le légataire ; or, en matière de droit de retour, on suppose que l'inverse s'est produit ; les

(1) Tr. de la Seine, 6 juillet 1849, Dalloz, P. 49, 3, 76. Voir aussi Angers, 3 mai 1871, Dalloz, P. 71, 2, 203.

(2) Douai, 14 mai 1851, Dalloz, P. 52, 2, 276. Orléans, 25 juillet 1863, Dalloz, P. 63, 2, 143.

legs, les donations sont caducs, il n'y a plus de libéralités, plus de retour légal.

On s'est demandé si la pensée du législateur avait été de déclarer sujets au droit de retour tous les biens donnés sans aucune restriction, ou si les biens de peu de valeur (ceux qu'on appelle les présents d'usage) ne devaient pas être mis en dehors de la règle générale? Deux opinions extrêmes se présentent d'abord; suivant les uns, qui s'appuient sur la généralité des termes employés par l'art. 747, il n'y a point d'exception, et tous les biens donnés rentrent dans la succession anomale. D'autres, au contraire (1), prenant en considération le peu de valeur des présents d'usage, pensent que le législateur ne s'en est pas occupé *(de minimis non curat prœtor)*, et, par suite, que les ascendants ne conservent aucun droit sur eux lorsqu'ils les ont donnés. Ces deux systèmes absolus ne nous semblent pas être l'expression de la vérité : le législateur s'est préoccupé, dans l'art. 747, de l'origine des biens et nous ne devons pas perdre de vue cette considération dans la solution des questions que nous examinons. Aussi, nous pensons que si les présents d'usage ne sont pas soumis au droit de retour en règle générale, il faut cependant admettre que les ascendants pourront réclamer certains présents auxquels on attache souvent une grande valeur d'affection et

(1) Demolombe, XIII, 515 *bis*.

qui sont, quelquefois, faits à l'occasion d'un mariage. Des bijoux ou des portraits de famille sont
quelquefois donnés par les ascendants, lorsqu'un
mariage fait espérer un long avenir à la famille :
tous les motifs qui ont servi de base à l'art. 747
ne revivent-ils pas ici avec plus de force pour
consacrer le droit de l'ascendant ? Ne serait-il pas
injuste de faire passer à d'autres des biens qui
ont une valeur toute particulière pour le donateur
et pour le donataire ? Aussi nous pensons que la
question ne peut être résolue qu'en considérant
la nature des présents et les circonstances dans
lesquelles ils ont été donnés.

Les choses données retournent au donateur « lorsqu'elles se trouvent en nature dans la
« succession », ajoute l'art. 747. Donc, si la chose
qui a été donnée se trouve dans la succession du
descendant donataire, le donateur peut la reprendre. Mais il est possible que la chose donnée soit
sortie du patrimoine du donataire et y soit ensuite
revenue : la chose a été vendue, par exemple, puis
le donataire l'a rachetée ou a succédé à l'acheteur, de sorte que le bien ne se trouve plus dans
le patrimoine du descendant comme bien donné,
mais à suite d'un rachat ou d'une succession :
l'ascendant peut-il, néanmoins, exercer son droit
de retour ? Cette question était déjà controversée dans notre ancienne législation, sous l'empire de laquelle la jurisprudence et la doctrine
tendaient à se prononcer contre le droit de retour,

parce que, disait-on, l'ascendant succède aux
propres, et le bien, par l'effet de ces diverses trans-
missions, a perdu la qualité de propre. Certains
jurisconsultes font remarquer aujourd'hui, que ce
motif n'a plus de valeur et ils en concluent que
l'ascendant est appelé à la succession des biens
qui sont rentrés dans le patrimoine du donataire (1). Ils ajoutent que la solution qu'ils proposent est conforme au texte de l'art. 747 qui
exige que les biens se retrouvent en nature dans
la succession du descendant : cette condition est
exactement remplie. Si le bien n'a pas été soumis au droit de retour pendant qu'il se trouvait
entre les mains d'un tiers, c'est parce que le
législateur n'a pas voulu trop favoriser l'ascendant au préjudice du donataire ou des tiers, en
apportant des entraves au droit de disposition des
biens ; mais dans la situation qui nous préoccupe,
aucun droit acquis ne sera lésé par l'attribution
du bien à l'ascendant, et il y a donc lieu de lui
accorder le droit de succession. Les actes qui se
sont passés dans la période intermédiaire ne doivent pas nous préoccuper, puisque la situation est
la même que s'il ne s'était produit aucun changement, et l'on doit, par conséquent, appliquer ici la
maxime : *media tempora non nocent.* Malgré ces
motifs, la solution qui dominait autrefois, doit
encore prévaloir aujourd'hui. Si le Code civil ne

(1) Duranton, VI, n° 232. Toullier, IV, n° 233.

distingue plus, comme on le faisait autrefois, les
propres et les acquêts, ou si, tout au moins, cette
distinction a beaucoup perdu de son importance,
l'art. 747 se préoccupe encore de l'origine des
biens, et c'est en leur qualité de choses données
que les biens dont parle cette disposition composent la succession anomale. Or ils ont perdu
cette qualité lorsque le donataire en a disposé, et
c'est en vertu d'un autre titre qu'ils font partie
du patrimoine de ce même donataire. Du reste, si
l'on suppose que le bien donné par le père a été
vendu par le descendant donataire, puis acheté
par le grand-père et donné de nouveau par le
grand-père au même donataire, et si, ensuite, la
succession anomale vient à s'ouvrir, il est certain
que le bien sera attribué au second donateur, au
grand-père, car le bien sera dans le patrimoine
du descendant comme bien donné par le grand-
père. Pourquoi ne reconnaîtrait-on pas ce changement de qualité du bien dans les autres espèces (1) ?

Il faut cependant faire une précision : si le bien
est rentré dans le patrimoine du descendant donataire par suite d'une cause inhérente au fait qui
l'en avait fait sortir, alors le bien rentre dans le
patrimoine du descendant dans les conditions où
il y était auparavant, et le droit de retour s'exerce

---

(1) Demante, III, 58 bis. Demolombe, XIII, 536. Aubry et
Rau, VI, § 608, texte et note 46, page 359. Laurent, IX, 189.

suivant les règles ordinaires. Par exemple, si, la vente ayant été faite avec la clause de rachat ou sous condition résolutoire, le rachat a été opéré ou la condition s'est accomplie, le droit de retour peut être exercé. Il faut remarquer que le rachat ou l'arrivée de la condition effacent ce qui a été fait et que le bien reprend le caractère qu'il avait avant la vente.

On a dit cependant que l'ascendant pouvait exercer son droit de retour légal si l'acte, par lequel le donataire avait fait sortir le bien donné de son patrimoine, avait eu lieu en fraude du droit de retour. Cette solution pourrait être acceptée si l'art. 747 avait contenu des restrictions qui auraient eu pour but d'éviter que le donataire pût disposer trop facilement des biens donnés ; mais elle doit être repoussée dans l'état actuel de la législation parce qu'il est permis au donataire de disposer d'une manière absolue des biens donnés et qu'il lui est facile d'empêcher ainsi l'ascendant donateur d'exercer les droits que lui confère l'art. 747. Le donataire pouvant disposer même par testament des choses données, l'ascendant ne devra pas se plaindre si le descendant a usé de son droit.

L'art. 747 déclare donc que l'ascendant succède aux choses par lui données lorsqu'elles se retrouvent en nature dans la succession et nous avons expliqué comment on doit entendre cette disposition. Nous avons aussi reconnu que l'expression « choses données », comprend à la fois meubles et immeubles. Par conséquent le droit de retour existe en faveur de l'ascendant, même s'il a donné des choses qui auraient pu facilement changer comme de l'argent, des denrées ou des créances, si on les retrouve en nature dans la succession, parce que les termes de la loi et son esprit permettent de se prononcer dans ce cas en faveur du donateur. Mais il faut bien remarquer que nous exigeons toujours que la chose donnée soit bien exactement la même : des sacs d'écus ont été donnés, on les retrouve avec une étiquette mentionnant leur origine : des créances ont été cédées, un bordereau les mentionne et on retrouve les mêmes créances; voilà des cas où le droit de retour légal sera exercé. Nous nous demanderons plus tard, à propos de la seconde partie de l'art 747, si, lorsque des choses que l'on peut considérer comme fongibles ont été données, on doit dire qu'elles se retrouvent en nature dans la succession, lorsque celle-ci comprend des choses de même nature et qualité, mais dont on ne saurait nettement déterminer l'origine.

Nous avons établi, en étudiant le premier paragraphe de l'art. 747, que les ascendants donateurs sont appelés à la succession de leurs descendants morts sans postérité et que cette succession comprend les biens donnés, si ces biens se retrouvent en nature. Le législateur suppose donc que les choses données peuvent ne plus se trouver dans le patrimoine du descendant; cette considération nous amène à rechercher quel est le pouvoir que la loi reconnaît

au descendant sur les biens que ce dernier a reçus
de son ascendant. En Droit romain, et surtout dans
les pays de Droit écrit, le droit que l'on accordait à
l'ascendant paralysait celui du descendant; au contraire, le Droit coutumier laissait au donataire le
droit de disposer dans la plus large mesure des
biens donnés. Le Code civil, qui cherchait à rendre
plus facile la circulation des biens, a adopté la solution de nos Coutumes, et c'est la conséquence la
plus importante qui découle de ce que le droit de
retour légal a été considéré comme un droit de succession. L'étendue de ce pouvoir de disposer a été,
du reste, le sujet principal des controverses qui
ont eu lieu sur cette matière.

La solution acceptée par les rédacteurs du Code
civil est en harmonie parfaite avec toute la législation; les modifications qui se sont produites dans
nos mœurs depuis le commencement du siècle ne
font pas désirer de changement sur ce point. En
repoussant le système de certains Parlements de
Droit écrit, on a évité les entraves qui auraient pu
être apportées à la circulation des biens et qui ne
se seraient pas trouvées en rapport avec l'éventualité que l'on voulait prévoir; on aurait sacrifié les
intérêts du descendant et ceux de la nouvelle
famille qu'il voulait fonder, à l'idée qu'il pourrait
mourir sans postérité et qu'il fallait assurer à l'ascendant qui avait fait la libéralité le retour des
biens donnés. La loi doit surtout supposer que les
événements suivront leur cours naturel et que les

biens donnés passeront aux degrés inférieurs; elle
ne doit pas prendre à l'avance des mesures en vue
des situations exceptionnelles, il suffit qu'elle y
apporte un remède lorsqu'elles se produisent. Aussi
le Code civil a décidé avec sagesse que lorsqu'un
ascendant donne un bien à un de ses descendants,
la donation est considérée comme pure et simple,
et ne doit recevoir de restrictions que par des clau-
ses formellement insérées dans l'acte. La donation
faite sans conditions à un descendant est une donation ordinaire, c'est-à-dire que le donataire est
investi irrévocablement de la pleine et entière propriété de la chose. Si le donataire meurt sans postérité, un droit de succession est accordé à l'ascendant, mais ce droit ne prend naissance et n'existe
qu'au moment où la succession s'ouvre. L'art. 747
crée donc un droit de succession. Nous avons vu
que l'ascendant est un héritier et qu'il doit subir
les actes qui émanent de son auteur; nous examinerons plus loin les effets de l'acceptation de la
succession anomale. Pour le momment, nous nous
bornerons à envisager les conséquences de la situation qui est faite au donataire. Puisqu'il est propriétaire, il peut aliéner; et de même que l'ascendant doit subir toutes les dispositions entre-vifs
faites par le donataire et qu'il supporte toutes les
charges que ce dernier a constituées, de même il
est tenu de respecter les dispositions testamentaires, les legs. Il ne peut dire que ces dispositions,
n'ayant d'effet qu'après la mort du descendant, dé-

pouillent l'héritier sans aucun avantage pour le disposant. Ce dernier point a soulevé des objections non-seulement dans notre ancien Droit, mais encore après la promulgation du Code civil; la jurisprudence elle-même a hésité avant de se prononcer définitivement. Ceux qui voulaient faire prédominer le droit de l'ascendant faisaient remarquer que, le bien se trouvant en nature dans la succession du donataire, l'ascendant devait jouir de la faveur que lui accordait l'art. 747. Dans le doute, du reste, ne doit-on pas se prononcer pour l'ascendant dont la situation est aux yeux de la loi plus favorable que celle du légataire? Ces objections n'ont pas triomphé et l'on décide aujourd'hui que ce serait méconnaître les droits du descendant que de ne pas tenir compte des dispositions qu'il a faites; tout propriétaire peut disposer de son bien pour le temps où il ne sera plus comme bon lui semble; la loi ne prend sa place pour indiquer ceux à qui doivent être attribués ses biens que s'il a gardé le silence, si sa succession s'est ouverte *ab intestat*. Or quel est le droit que l'ascendant veut opposer au légataire? C'est un droit de succession *ab intestat*; on ne peut le contester, puisque ce droit est reconnu par la loi dans le chapitre qui traite de cette matière, et par suite, l'ascendant ne peut venir que si le *de cujus* s'en est rapporté à la loi pour déterminer l'attribution des biens qui composent son patrimoine. Dans un seul cas, les héritiers *ab intestat* peuvent attaquer les dispositions testamentaires,

c'est lorsqu'ils ont une réserve. L'ascendant donateur a-t-il lui-même une réserve ? Nous examinerons plus tard cette question.

Après avoir reconnu, tant dans l'intérêt des tiers
que dans celui du donataire, la faculté pour ce dernier de disposer librement des biens donnés et le
droit de l'ascendant donateur sur les mêmes biens,
lorsqu'ils se trouvent en nature dans la succession,
le législateur s'est demandé ce qu'il fallait décider
dans le cas où un équivalent de la chose se trouverait dans la succession du donataire, et c'est
alors qu'a été ajoutée la seconde partie de l'art.
747, qui déclare que : « si les objets ont été alié-
« nés, les ascendants recueillent le prix qui peut en
« être dû. Ils succèdent aussi à l'action en reprise
« que pouvait avoir le donataire. » Telle est l'extension qui est donnée par la seconde partie de
l'art. 747 au principe posé dans son premier
alinéa. Mais la fixation de la limite dans laquelle
sont renfermées ces dispositions complémentaires
est l'une des questions les plus controversées de
la matière. Outre deux opinions extrêmes, l'une
qui admet une extension presque sans limite et
l'autre qui prétend rester dans les termes rigou-
reux de la loi, on trouve d'autres systèmes qui,
bien que prenant pour point de départ une des
solutions extrêmes, cherchent à la mitiger dans
son application.

Nous ne discuterons pas la formule que donne

Maleville (1): «Le droit de retour doit toujours avoir
« lieu excepté seulement que l'objet n'en ait péri
« dans les mains du donataire ou n'ait été dissipé
« par lui sans emploi utile. » Cette théorie, qui
veut trop favoriser les ascendants, ne saurait être
admise, car elle a pour conséquence d'annihiler
toutes les précisions faites dans l'art. 747, auxquelles cependant on doit bien reconnaître un
sens.

Aussi, sans insister davantage sur cette opinion,
nous allons, pour apprécier la valeur du système
qui consiste à étendre l'application de l'art. 747,
prendre pour base l'exposé qui en est fait par
MM. Aubry et Rau, (2) sauf à indiquer, s'il y a lieu,
les modifications principales que d'autres jurisconsultes y ont apportées. « On doit considérer,
« disent-ils, les biens comme se trouvant dans la
« succession, non seulement lorsqu'ils y existent
« en nature, c'est-à-dire dans leur identique indi-
« vidualité, mais encore lorsqu'ils y sont dûment
« représentés, soit par des actions en reprise
« proprement dites, soit par des objets qui, en
« vertu de la maxime *in judiciis universalibus,*
« *pretium succedit loco rei res loco pretii,* s'y sont
« trouvés subrogés, et notamment par des créan-
« ces nées des actes mêmes d'aliénation passés

(1) Maleville, t. II, art. 747, page 216.
(2) Aubry et Rau, § 608, texte et notes 35 et suiv. page 353.
Contrà, Demante, III, 58 *bis,* 1. Demolombe, XIII, 518 et
suiv. Marcadé, art. 747, V. Laurent, IX, 187.

« par le défunt. » Ainsi donc, bien que la chose
ne se trouve pas en nature dans la succession du
donataire, le droit de retour pourra cependant
s'exercer si l'on peut encore distinguer dans son patrimoine ce qui a remplacé la chose donnée; par
exemple, l'action en paiement ou en reprise, ou bien
les créances qui résultent de l'acte de disposition
fait par le descendant. Cette idée de subrogation
admise, on a cherché à la justifier, mais on était
en présence de deux sortes de subrogations : la subrogation personnelle et la subrogation réelle. La
subrogation personnelle a lieu de personne à personne: celui à qui un créancier transmet ses droits
peut lui être subrogé. Il semble qu'en parlant de
subrogation, c'est cette dernière qu'entendent
proposer ceux qui prétendent trouver une idée de
subrogation dans l'art. 747; car ils disent que
lorsqu'une chose ne se trouve pas en nature dans
la succession du descendant, l'ascendant peut
cependant, en vertu de la subrogation, exercer son
droit de retour puisqu'il remplace le donataire en
ce qui concerne l'universalité juridique formant
les biens donnés. Il succède à la chose parce qu'il
l'a mise dans le patrimoine; mais ce droit existe
surtout à raison de l'enrichissement que la donation y a produit, et si l'effet s'en fait encore sentir, c'est au donateur d'en profiter. Cette subrogation personnelle que l'on voudrait faire découler
de la vocation de l'ascendant aux biens donnés,
n'a pas été admise. Il est aisé de réfuter cette idée

en faisant remarquer que c'est une fiction exceptionnelle et qu'on ne doit l'admettre que dans les
cas limitativement déterminés par la loi. En outre,
elle ne conduit pas à une solution exacte; car elle
permet, sous prétexte de subrogation, d'étendre,
bien au delà des limites fixées par le législateur, le
droit pour l'ascendant d'exércer son droit de retour
sur ce qui n'est pas réellement un bien donné.

La subrogation personnelle ne pouvant servir
de base à un système sérieux, on a cherché à établir alors l'existence d'une subrogation réelle,
d'une subrogation de choses, et l'on a invoqué la
maxime précitée. Mais la formule que l'on propose,
et qui se trouve dans l'ouvrage de MM. Aubry et
Rau, ne saurait être considérée comme un commentaire exact de l'art. 747 Civ. Ces jurisconsultes admettent, en effet, que le droit de retour peut
être exercé lorsque les biens sont « dûment repré-
« sentés, soit par des actions en reprise propre-
« ment dites, soit par des objets qui, en vertu de
« la maxime *in judiciis universalibus...* s'y sont
« trouvés subrogés... » Pour repousser cette opinion, il suffit de faire remarquer que le législateur
exige, en principe, l'existence en nature des biens
donnés dans le patrimoine et que, si ces biens ne
s'y trouvent pas, on a eu soin d'énoncer limitativement les seules choses qui, par exception, sont sus-
ceptibles de les remplacer ; ce sont le prix qui peut
en être dû et les actions en reprise. Mais on ne
subrogera rien à l'objet donné ; la subrogation est

de droit étroit, et lorsque le législateur a voulu
l'admettre, il l'a déclaré en termes précis : c'est ce
qui est attesté par les art. 1407, 1553, 1559, civ.
La seconde partie de l'art. 747 est une extension
de la première et doit être maintenue dans les
limites qui lui ont été assignées, surtout lorsqu'elles
se justifient parfaitement. En effet, le législateur
n'admet l'existence du droit de retour que lorsque
les biens se trouvent en nature dans la succession ;
mais s'ils en sont sortis et si le prix est encore dû,
ou bien si, à leur place, le patrimoine du *de cujus*
contient quelque action en reprise née à l'occasion
de la disposition qui a été faite du bien, alors
l'ascendant donateur sera investi du droit de réclamer le prix ou de l'action en reprise. On explique
cette extension en faisant observer que le législateur, dans ces cas particuliers, a considéré que
l'acte de disposition n'était point définitif, que le
non-paiement du prix, que l'action en reprise pouvaient donner lieu à des débats qui auraient peut-
être pour conséquence de faire rentrer le bien dans
la succession. Or, devait-on laisser les héritiers
ordinaires investis de ces droits ? Ils auraient eu
intérêt quelquefois au maintien de l'aliénation, ou
auraient pu négliger des affaires dont le profit
n'eût pas été pour eux ; et si les héritiers ordinaires avaient profité des actions en résolution
ou des actions en reprise, on eût parfois dé-
pouillé les ascendants en vertu d'un acte qu'il était
facile de faire tomber. En effet, si les actions en

résolution ou en reprise avaient appartenu aux héritiers ordinaires, si ces derniers en avaient eu le bénéfice, les ascendants auraient été écartés par une aliénation accidentelle, par un acte qui a été fait à tort peut-être, et dont l'effet ne sera que transitoire; cette solution n'aurait pas été équitable. Si, au contraire, bien que l'action appartînt aux héritiers, l'avantage qu'elle procurait avait été attribué aux ascendants, alors les héritiers auraient pu être négligents, puisque le résultat de l'action ne devait pas leur revenir, et on avait même à craindre que l'on n'essayât, par des fraudes, d'assurer leur inaction.

Cette manière d'interpréter strictement les dispositions de la loi se justifie donc parfaitement, et le commentaire que l'on fait ainsi de l'art. 747, est la meilleure réfutation de l'opinion qui veut étendre le sens d'un texte malgré ses termes formels. Un des auteurs qui soutiennent l'explication que nous venons de combattre, avoue la faiblesse du système, puisqu'il reconnaît que le texte exclut la subrogation; mais il ajoute que l'esprit de la loi conduit à admettre une subrogation d'équité (1). Ce motif est vraiment trop vague pour qu'on puisse négliger les termes précis d'un texte. La solution des questions controversées que soulève l'interprétation de l'art. 747, quant aux choses sujettes au droit de retour, dépend de l'extension

(1) Malpel, *Successions*, n° 135.

que l'on donne aux dispositions de cet article. Nous
allons ainsi juger une dernière fois les systèmes
par les conséquences qu'ils entraînent.

L'art. 747 déclare que « si les objets ont été
« aliénés, les ascendants recueillent le prix qui
« peut en être dû ». L'expression « aliénés » employée dans cette disposition, prouve que le législateur avait en vue, non seulement la vente, mais
tous les contrats par lesquels une personne fait
sortir de son patrimoine l'un de ses biens, et, par
suite, il faut entendre par « prix » tout ce qui, dans
un acte d'aliénation, est donné à la place de la
chose. Cette interprétation nous fournit le moyen
de résoudre les controverses qui s'élèvent sur le
point de savoir ce qu'on doit entendre par prix.
Si le prix consiste en autre chose qu'en argent et
s'il est dû, l'ascendant pourra exercer son droit de
retour légal ; par exemple, si le donataire a aliéné
moyennant une chose autre que de l'argent, s'il y
a eu échange, et si la chose promise en échange
n'a pas été encore remise, l'ascendant la recueillera. Mais, à l'inverse, dès que le prix est payé, le
droit de retour disparaît pour ceux qui n'admettent pas la subrogation. Bien que le prix soit dû,
si le donataire a renoncé au droit de demander la résolution du contrat, le droit de retour légal est perdu;
cette solution, qui semble contraire aux termes de
l'art. 747, est cependant dictée par les raisons que

nous avons données pour expliquer le second paragraphe de ce texte (1).

Si une rente a été stipulée à la place du prix,
dès qu'elle est due, l'ascendant perd son droit de
succession, parce que le prix a été payé ; en effet,
comme le fait fort bien remarquer M. Marcadé, il
faut distinguer deux choses dans la rente: le droit
de rente et les arrérages ; le premier est comme le
capital, et les arrérages sont comme un produit :
la création du droit de rente constitue le paiement
du prix, comme la remise des biens promis en
échange ; les arrérages sont une sorte d'intérêts,
comme les fermages, les produits (2).

Les actions en reprise sont exercées le plus
souvent lorsqu'on liquide la situation de deux
époux ; il y a lieu alors de se demander si les actions qui se trouvent dans la succession de l'un
des époux seront exercées par l'ascendant. Celui-ci pourra invoquer l'art. 747 lorsque l'action
de la femme aura pour but de réclamer ce qui lui
a été donné : peu importe que ce soit la dot ou des
apports qu'elle s'est réservé de reprendre si elle
renonçait à la communauté ; de même, l'ascendant pourra exercer son droit de succession sur
tous les biens qu'il a donnés et que son descendant
a le droit de reprendre à la dissolution du ma-

(1) *Contrà*, Demolombe, XIII, 525.
(2) Marcadé, art. 747, VIII.

riage. Ce point est généralement admis, car il est conforme à la stricte application de l'art. 747.

Mais la difficulté devient plus délicate, si l'on suppose que les choses qui ont été données par l'ascendant l'ont été par contrat de mariage, et s'il est résulté de la donation qu'elles devaient être immédiatement aliénées ; alors le donataire n'a qu'une action de reprise : passera-t-elle à l'ascendant donateur ? Restera-t-elle aux héritiers ordinaires ? Les partisans de la subrogation, comme ceux qui la repoussent, se prononcent en faveur de l'ascendant. Les derniers font remarquer que le donataire a reçu seulement l'action, la créance contre son conjoint ; de sorte que si l'ascendant la trouve dans la succession du donataire, il la prend à l'exclusion de tous autres ; cette considération suffit pour justifier la solution. Quant aux premiers qui invoquent une subrogation, ils font remarquer que leurs adversaires sont obligés de l'admettre. La subrogation, d'après nous, est ici complètement inutile, car le débat porte sur la détermination de l'objet de la donation ; le donataire a-t-il reçu les biens qui devaient être aliénés ou la créance qui les a remplacés ? Il est évident que la donation n'a eu pour but que de donner naissance à la créance ; donc, en vertu de l'art. 747, l'ascendant la prend, puisqu'elle se retrouve en nature dans la succession.

Quid si l'ascendant a stipulé dans le contrat de mariage que la dot servira à acheter un immeuble ?

Il pourra réclamer l'immeuble à la mort du descendant, parce que l'ascendant a créé, au profit du
donataire, non pas un droit de propriété sur l'immeuble, mais a donné le droit de réclamer un immeuble. Cette action, existant encore en nature,
fait partie de la succession anomale. Mais si le
descendant avait exercé l'action, alors l'ascendant
ne pourrait réclamer l'immeuble, parce que ce
n'est pas cela qu'il a donné.

MM. Aubry et Rau (1) estiment que, dans les
hypothèses prévues par l'art. 1558 Civ., l'ascendant donateur de l'immeuble aliéné succède à la
créance dotale de l'excédant du prix de vente sur
les besoins reconnus. Cette proposition est contraire au texte de l'art. 747, car, dans cette hypothèse, le bien donné ne se retrouve pas en nature; ce
n'est pas une action en reprise, peut-on dire que le
prix soit dû? Non, assurément: s'il a été payé au
mari, la somme n'est plus due à la femme comme
prix de vente, elle lui est due comme créance née
pendant le mariage.

Si des sommes ou valeurs ont été remises au défunt, peut-on dire qu'elles existent encore dans le
patrimoine, qu'elles peuvent être recueillies, si aucune clause d'emploi n'a été faite et si elles ont
servi à consentir des prêts, à se procurer des
effets de commerce ou d'autres valeurs? La solu-

(1) Aubry et Rau, VI, § 608, page 356.

tion sera, sur ce point, la même que sur la question que nous allons discuter.

On suppose qu'une somme en argent monnayé ou des denrées ont été données, puis on trouve dans la succession du numéraire ou des denrées pour une somme égale, moindre ou supérieure, ou des denrées de même qualité. Il n'y a pas de preuve d'identité entre les sommes ou denrées données et celles qui existent. L'ascendant peut-il les réclamer à concurrence de la donation qu'il a faite? Ceux qui se prononcent en faveur du dona- teur font remarquer que l'argent et les denrées sont des choses qu'on appelle fongibles, et, comme dit Chabot (1) : « Leur existence en nature ne ré- « side pas dans l'identité des pièces matérielles, « mais dans l'équipollent d'autres espèces pareil- « les du même genre. En d'autres termes, pour « les choses fongibles, le genre tient lieu de l'es- « pèce, et, par conséquent, elles existent en na- « ture tant que leur genre tout entier existe, car « c'est le genre tout entier qui les représente et « qui les représente en nature. » Tel est l'argu- ment sur lequel on s'appuie pour prétendre que les ascendants conservent leur droit de retour sur les biens donnés, lorsqu'ils consistent en denrées ou sommes d'argent dont on ne peut déterminer l'origine.

Les sommes d'argent et les denrées n'ont pas,

(1) Chabot, *Successions*, art. 747, n° 22. Toullier, IV, 245.

d'une façon absolue, ce caractère d'être fongibles.
Elles sont fongibles ou elles ne le sont pas, suivant
l'intention des parties, suivant la manière dont
elles sont envisagées. A Rome, déjà, on avait établi que, même pour les choses qui se consomment
par le premier usage, il pouvait être question d'une
restitution en nature, d'une restitution dans laquelle c'étaient les choses identiquement les mêmes qui devaient être rendues; nous en trouvons
des exemples : l. 11 § 2, Dig., *de Rebus creditis*,
§ 2, Inst. *quid. alien. licet.* Ces textes ne suppo-
sent pas que les parties aient considéré les choses
comme fongibles, puisque ce sont des paiements
qui ont été faits; mais ils admettent qu'on puisse
rechercher si l'on trouve identiquement les choses
qui ont été remises. L'art. 1238 du Code civil vise
un cas semblable. C'est donc que le législateur
fait une distinction entre le cas où le patrimoine
comprend des choses dont l'origine est incertaine et celui où il en comprend qui sont identiquement celles qui y sont entrées à suite d'un
acte juridique déterminé. La loi admet donc que
l'identité d'une chose qui se consomme peut avoir
une certaine importance (1). L'art. 747 exige-t-il
que l'identité des biens donnés soit constatée?
L'affirmative n'est pas douteuse : l'ascendant re-

---

(1) *Sic*, Demolombe, XIII, 545. Duranton, VI, 234 et suiv.
Aubry et Rau VI, § 608, texte et note 45, page 358. Laurent,
IX, 193.

cueille les biens en nature, dit la première partie
de l'art. 747. Cette disposition exige l'identité : ce
point ne saurait être discuté. C'est parce que le prix
dû appartient à l'ascendant que l'on a émis l'idée
de subrogation ; mais il faut encore remarquer
que c'est précisément parce qu'il a repoussé la subrogation que le législateur limite le droit de l'ascendant au prix dû. Celui-ci sera seul recueilli par
le donateur, car alors seulement la somme reçue re-
présentera exactement la chose donnée. Sans cette
précision, on aurait toujours pu prétendre que l'argent se trouvant dans la succession représentait
tout ou partie du prix : c'est ce que n'a pas admis
le législateur, et il a ainsi à la fois repoussé la
subrogation et l'opinion de ceux qui admettent
l'exercice du droit de retour sur des choses dont
l'origine est incertaine. Enfin, nous ajouterons que
l'action en reprise suppose que l'on réclame la
chose même qui a été donnée.

De graves inconvénients peuvent être signalés,
si l'on admet que les choses qui se consomment par
l'usage peuvent être remplacées : d'abord, lorsqu'une donation de telles choses aura été faite par
l'ascendant, quelle que soit la durée qui séparera
la donation de l'époque où la succession anomale
sera ouverte, l'ascendant conservera un droit de
retour sur les sommes ou denrées qui se trouve-
ront dans le patrimoine du donataire, sans que l'on
ait à établir leur origine : n'y a-t-il pas là une con-

tradiction avec l'esprit de la loi qui se préoccupe
ici de l'origine des biens ? En second lieu, si l'on
suppose que deux ascendants ont donné séparément, par exemple, des sommes d'argent, et, si on
trouve dans le patrimoine du donataire une quan-
tité de numéraire, sans indication d'origine, dont
le montant soit inférieur aux droits des deux ascendants, comment va-t-on attribuer la somme?
Si on admet le droit de retour sur ces biens, chaque
ascendant aura droit à la totalité ; leur donnera-t-
on une part proportionnelle ou partageront-ils par
moitié ? La solution à intervenir sera forcément
arbitraire ; il vaut mieux alors décider que le droit
s'éteint, puisque chacun des donateurs ne peut
plus indiquer l'objet de sa donation.

Nous exigeons donc l'identité entre les objets
donnés et ceux que l'on veut comprendre dans la
succession anomale. Ainsi est repoussée la dernière conséquence que l'on tire de l'idée de subrogation, d'après laquelle l'ascendant succède aux
titres, valeurs en billets, effets de commerce qui se
trouvent dans la succession. Car, dit-on, le prix
remplace la chose, et le numéraire est représenté
par ces valeurs. On en arrive ainsi logiquement à
la théorie que nous repoussions au début de cette
controverse et qui admet le retour successoral
dans tous les cas, excepté lorsque les biens ont
été dissipés ou ont péri. Indiquer ces conséquences, c'est démontrer la faiblesse du système d'où
elles découlent.

Ce que nous avons dit de l'art. 747 s'applique également au cas de retour de l'adoptant; bien que l'art. 351 civ. soit moins explicite, on doit cependant pour l'interpréter recourir à l'art. 747.

CHAPITRE IV

Effets du droit de succession anomale accordé aux ascendants.

———

Les effets du droit de succession accordé aux ascendants découlent de la qualité qui leur est reconnue. Comme tout héritier, l'ascendant doit, en premier lieu, respecter les actes faits par son auteur et les subir; il doit, en second lieu, payer les dettes de la succession : ces deux obligations qui lui incombent comprennent tous les effets du droit de retour.

§ 1.

L'ascendant doit respecter les actes de son auteur.

La donation a conféré au descendant un droit de propriété plein et entier sur la chose donnée et, par suite, a autorisé celui-ci à agir en maître à l'occasion de la chose. Lorsque le bien revient au donateur, celui-ci, étant simplement héritier, le prend tel qu'il le trouve dans le patrimoine du donataire au moment de l'ouverture de la succession ; et, si le descendant a disposé de la chose en totalité et d'une manière définitive, le droit de l'ascendant n'existe plus, puisqu'il n'y a plus aucun bien qui puisse composer la succession anomale. Mais que décider si le donataire n'a fait que des dispositions partielles ? Le donateur doit les subir, et son droit est limité à ce qu'il trouve dans le patrimoine du *de cujus* ; a-t-il vendu une partie du champ qui lui avait été donné, le droit de retour s'exerce sur ce qui reste. Les charges imposées par le donataire sont maintenues, les servitudes, les droits réels qui ont été consentis subsistent ; l'usufruit du bien donné a-t-il été concédé?

l'ascendant ne reprendra que la nue-propriété. Il
en est de même pour les hypothèques ; les hypothèques conventionnelles continuent de grever les
immeubles donnés ; les hypothèques légales et les
hypothèques judiciaires ne sont pas davantage
éteintes ; le bien revient toujours à l'ascendant tel
qu'il se trouvait dans le patrimoine du descendant.
La dette hypothécaire restera-t-elle en entier à la
charge de l'ascendant? C'est une question que
nous examinerons plus loin. Ainsi donc, quelle que
soit la disposition que le donataire aura faite entre-
vifs sur les biens donnés, l'ascendant devra la
respecter. Nous avons déjà constaté qu'on peut
lui opposer aussi les dispositions testamentaires.

Le descendant a diminué la valeur de la chose;
il a défriché des bois ou devancé l'époque des cou-
pes ; il a démoli des constructions importantes ; il
avait sans doute le droit de détériorer le bien donné :
l'ascendant peut-il cependant réclamer une indemnité de ce chef? Ce droit lui est refusé (1), car
le donataire a usé d'un pouvoir qui lui appartenait
et l'ascendant ne peut élever aucune réclamation ;
le donataire aurait pu amoindrir encore davantage
le droit de l'ascendant, puisqu'il aurait pu l'annihiler. La solution sera la même dans le cas où l'hérédité ordinaire s'enrichirait par l'effet de ces dé-

---

(1) Demolombe, XIII, 557. Aubry et Rau, VI, § 640 *bis*, texte
et note 9, page 720. Laurent, IX, 199.

tériorations; car le *de cujus* aurait pu favoriser ses héritiers par une disposition formelle.

Mais il est moins aisé de résoudre la difficulté si le descendant a amélioré le bien au lieu de le détériorer; les héritiers ordinaires peuvent-ils réclamer une indemnité? Quelques jurisconsultes (1), établissant une sorte de corrélation entre l'hypothèse qui nous occupe et celle qui précède, ont soutenu qu'il n'était pas dû d'indemnité à raison des améliorations qui seraient faites par le donataire, alors même qu'elles donneraient au bien une plus-value considérable. Pour justifier ce système, on lui a d'abord cherché des attaches dans l'ancien Droit, en faisant remarquer qu'autrefois les héritiers des propres ne devaient aucune indemnité aux héritiers des acquêts, à raison des dépenses faites sur les biens auxquels ils succédaient. Cette solution se justifiait parfaitement dans notre ancien Droit, non par la faveur dont jouissait le droit de retour, mais parce qu'on cherchait à faciliter, autant qu'on le pouvait, le maintien des biens dans la famille. Aujourd'hui, si le législateur est favorable aux ascendants donateurs, ce n'est pas qu'il tienne à empêcher le démembrement des biens de famille; aussi la base du système que l'on veut maintenir ne se retrouve pas dans notre Droit actuel. On a cependant sou-

(1) Demolombe, XIII, 559. Demante, III, 57 bis, III. Toullier, IV, n° 232.

tenu que notre législation autorisait encore cette solution, et l'on a fait remarquer que l'art. 747 appelle l'ascendant à succéder aux choses par lui données et que ce dernier les prend telles qu'elles sont, pourvu qu'il les retrouve en nature dans la succession. Cette extension donnée à l'art. 747 est excessive, car elle permettrait à l'ascendant de prendre la chose donnée avec tout ce qui y a été joint par le donataire, alors même que la valeur de cette chose serait inférieure à celle des améliorations ; la chose donnée serait toujours envisagée comme le principal, les améliorations comme l'accessoire. Il faut décider que l'ascendant donateur succède aux choses données, à elles seules; et, comme l'a fort bien remarqué un jurisconsulte (1), l'ascendant peut avoir moins que les choses données, puisqu'il peut n'avoir rien, mais il ne peut avoir plus, son droit restant limité aux choses données. Or, il aurait plus que les choses données s'il profitait de toutes les augmentations, quelle que fût leur valeur : nous faisons exception néanmoins pour les dépenses peu importantes, comme frais de labour ou d'entretien ; nous ne parlons que des dépenses qui ont augmenté la valeur du capital donné.

Nous ferons, du reste, remarquer que M. Demo-

---

(1) Marcadé, art. 747, VII. *Sic*, Duranton, VI, 246. Aubry et Rau, VI, § 640 *bis*. texte et note 1°, page 720. Laurent, IX, 199.

lombe (1) qui repousse toute idée d'indemnité au profit des héritiers ordinaires, reconnaît cependant que, s'il s'agissait d'un enclos dont l'enceinte aurait été augmentée par le donataire, l'ascendant ne pourrait prendre la partie annexée. Pourquoi donnerait-on une solution différente, lorsque le donataire a élevé une usine sur un terrain peu productif, lorsqu'il a fait construire une maison de campagne sur une propriété qui n'avait que des bâtiments d'exploitation ? M. Demolombe est obligé de faire une seconde brèche à son système dans le cas où le descendant a laissé des héritiers à réserve : si la plus-value est trop considérable, il reconnaît que l'ascendant devra dans ce cas une indemnité à raison des améliorations faites sur le bien. Mais quelle sera la vraie cause de cette obligation à l'indemnité? On ne peut pas dire qu'un héritier s'enrichit au préjudice d'un cohéritier, puisqu'il y a ici deux successions différentes ; mais on peut dire que c'est une succession qui s'accroît aux dépens d'une autre succession. La succession anomale doit comprendre seulement les biens donnés; elle comprendrait autre chose si elle profitait des plus-values résultant des dépenses faites par le donataire; ainsi ces dépenses, qui ont diminué la succession ordinaire, doivent y revenir à concurrence de la plus-value.

(1) Demolombe, XIII, 560.

§ 2.

Obligations qui incombent à l'ascendant par suite
de l'exercice du droit de retour.

Nous avons vu à quelles conditions et dans
quel état l'ascendant reprend les biens donnés; il
nous reste à rechercher quelles sont les conséquences de l'acceptation de la succession anomale.
Nous aurons, pour résoudre cette question, à nous
appuyer sur les caractères qui doivent être reconnus à cette succession.

L'ascendant donateur doit payer les legs, mais
cette formule doit être expliquée : les legs de
choses, faisant partie de la succession ordinaire,
ne sont pas à sa charge; de même, ce n'est pas à
lui qu'on doit réclamer les legs de tout ou partie
des choses par lui données. Le légataire de ces
biens doit les réclamer à l'héritier ordinaire : car,
du moment que le donataire en a disposé, ils ne
font plus partie de la succession anomale. Restent
les legs de sommes d'argent. Ce sont ceux-là, que
l'ascendant doit payer, et l'étendue de son obligation est en rapport avec la valeur de ce qu'il prend;

en d'autres termes, il est tenu en proportion de la valeur de la succession anomale.

Outre les legs, toute succession comprend aussi les dettes du défunt, et c'est une question fort délicate que celle de savoir dans quelle mesure l'ascendant est tenu de les supporter. L'ascendant doit les payer en proportion de ce qu'il perçoit. Mais, *quid*, si les dettes excèdent l'actif ? Quelques jurisconsultes, se laissant entraîner par cette considération que les biens donnés sont limitativement déterminés, en ont conclu que l'ascendant succède *in re singulari*, et l'ont mis dans une situation qui se rapproche de celle d'un légataire particulier. Cette assimilation doit être repoussée ; en effet, si le légataire est appelé en vertu d'une vocation expresse du testateur, l'ascendant, au contraire, est appelé par la loi précisément parce que le *de cujus* n'a appelé personne. Le testateur a disposé de biens déterminés, tandis que la loi donne une vocation à une catégorie de biens, à ceux qui ont été donnés. Nous avons, du reste, établi déjà que l'ascendant est héritier. Nous devons donc repousser le système qui déclare que l'ascendant serait tenu dans la proportion de ce qu'il a reçu, mais seulement *intra vires* (1). Nous pensons, au contraire, que l'ascendant est tenu *ultra vires* (2), puisqu'il est héritier

(1) Aubry et Rau, VI, § 640 *bis*, texte et note 19, page 723. Laurent, IX, 201.

(2) Demolombe, XIII, 552. Toullier, IV, 236. Duranton, VI, 209. Demante, III, 55 *bis*.

saisi ; on pourrait ajouter cette considération
que, repousser la solution par nous proposée,
c'est nier une des conséquence s de l'existence
indépendante de la succession anomale, qui ne se
trouverait plus dans une situation égale à celle de
la succession ordinaire sur laquelle retomberaient
toutes les charges. — L'art. 747 ne prévoit pas
cette question, et ses termes ne font pas pressentir
quelle était l'opinion de ceux qui l'ont rédigé. Il est
permis de faire remarquer que le silence du
législateur doit être interprété en ce sens que l'on
n'a pas voulu créer une situation particulière
quant à la succession des ascendants donateurs,
et, par suite, qu'il faut appliquer la même solution
que celle qui est donnée dans les cas prévus au
même chapitre. Cette considération est corroborée
par l'art. 351 Civ., qui, à propos de l'adoptant
donateur, déclare qu'il recueille les choses données
à la charge de contribuer aux dettes et sans préjudice des droits des tiers. Cette charge de contribuer aux dettes est indiquée, parce que l'article ne
se trouve pas au titre des successions, et que le
législateur a voulu caractériser le droit qu'il
créait. Or, nous avons reconnu que le droit ainsi
consacré, est un droit de succession établi dans les
mêmes conditions : les conséquences en sont les
mêmes et l'ascendant doit toujours contribuer aux
dettes; dans quelle proportion? Ce sera dans celle de
l'émolument. Mais puisque la loi n'apporte sur ce
point aucune limitation, on doit appliquer les

règles générales qui régissent toutes les successions, et se prononcer pour une obligation *ultra
vires.*

Mais comment les créanciers vont-ils exercer
leur droit de poursuite contre l'ascendant donateur? Un premier système (1), aujourd'hui aban-
donné, conduisait à la solution suivante : l'ascendant
est appelé *in re singulari* et il n'est tenu qu'en proportion de la valeur de ce qu'il reçoit, et d'un autre côté, l'art. 351, que l'on veut étendre à tous les
cas de retour, porte que l'ascendant contribue aux
dettes, mais ne donne pas le droit d'exercer des
poursuites contre lui. Par conséquent, les créanciers ne pourront rien lui demander, mais les
héritiers seuls agiront contre lui. Nous avons
déjà contesté la solidité des bases de ce système
et nous ferons remarquer, en outre, que l'art. 351
n'a pas entendu restreindre ainsi le droit des
créanciers héréditaires ; l'interprétation que l'on
donne au texte de la loi n'est pas conforme aux
règles habituellement suivies en matière de con-
tribution aux dettes, et, pour l'accepter, il faudrait que des termes plus explicites aient été
employés.

Nous repoussons également un second système (2) qui établit la distinction suivante : avant

(1) Toullier, IV, 554. Belost-Jolimont, sur Chabot, art. 747,
obs. 10.

(2) Delvincourt, t. II, page 18, note 4.

le règlement de la part contributoire dans les dettes, l'ascendant ne peut être poursuivi ; après le règlement, on peut le poursuivre pour sa part et portion. Aucun texte n'indique une telle distinction qui n'est pas, du reste, en harmonie avec les caractères du droit de retour. C'est en appliquant à ces caractères les règles générales de notre législation que nous allons trouver la solution de la difficulté.

Nous sommes en présence de deux intérêts : celui du créancier et celui de l'ascendant donateur. Les systèmes que nous combattons ont pour but d'empêcher que l'ascendant n'ait trop de dettes à payer, ou trop de sommes à avancer. Mais il faut aussi considérer la situation des créanciers; la mort de leur débiteur ne doit pas, en principe, apporter de changement à leur situation et la rendre pire : or, si l'ascendant est à l'abri de toute poursuite avant le règlement et s'il n'est ensuite tenu qu'à concurrence de ce qu'il a reçu lorsqu'il reprendra la majeure partie des biens, les créanciers ne pourront exercer leurs droits sur la plus grande partie de la masse successorale jusqu'à un règlement qu'il sera facile de retarder ; ce qui, d'ailleurs, aura toujours lieu, quelle que soit la valeur des biens, si une évaluation est nécessaire avant toute poursuite de la part des créanciers. Aussi l'on doit décider que, vis-à-vis des créanciers, tous les héritiers sont tenus pour une part virile avant le règlement de leur part contribu-

toire; mais, après le règlement, les créanciers ne
peuvent poursuivre les ascendants qu'en proportion de leur part contributoire. La succession anomale n'a pas été créée contre les créanciers; elle
existe en faveur du donateur, contre les héritiers ordinaires : aussi ne doit-elle pas être opposée aux
premiers. On dit que cette solution sera rigoureuse
et que les ascendants seront exposés à être poursuivis, avant le règlement, pour des sommes de
beaucoup supérieures au montant de la donation ;
ils éviteront cet inconvénient, soit en demandant
en justice un délai pour obtenir la mise en cause
des autres héritiers, soit en acceptant sous bénéfice
d'inventaire. Alors ils ne seront poursuivis qu'à
concurrence de ce qu'ils auront reçu ; ainsi, les
intérêts des créanciers ne seront pas sacrifiés et
les ascendants auront le moyen de sauvegarder
les leurs (1).

Il nous reste à examiner une dernière question.
Nous avons constaté que les charges imposées par
le donataire au bien donné, doivent être respectées
par l'ascendant donateur ; si donc une hypothèque
a été constituée, le créancier, au profit duquel elle
existe, ne sera nullement entravé par l'exercice du
droit de retour. Mais il y a lieu de se demander
dans quelle mesure les droits de l'ascendant seront
atteints. Certains jurisconsultes (2), assimilant l'hy-

(1) Demolombe, XVII. 43.
(2) Massé et Vergé, sur Zachariæ, t. II, page 291.

pothèque aux autres charges, telles que les servitudes ou les autres droits réels, ont pensé que l'ascendant devait supporter en entier le paiement de la dette garantie par l'hypothèque, qu'il y avait là une diminution de la valeur du bien venant du fait du donataire, et que le donateur était tenu d'en subir les conséquences. Cette solution ne peut être acceptée (1), car l'hypothèque ne doit point être assimilée aux autres droits réels; elle n'est pas une altération du droit de propriété dont la durée soit indéfinie, c'est une charge temporaire, qui a pour but de garantir une dette qui affecte d'abord la personne du débiteur et la généralité de ses biens avant d'en affecter un spécialement. Aussi, faut-il reconnaître que ce n'est pas seulement le bien hypothéqué qui est tenu, mais tout le patrimoine; et, par suite, lorsqu'il y aura lieu de rechercher qui doit subir définitivement la dette, il faudra la diviser proportionnellement entre les héritiers des deux successions. En repoussant toute analogie entre le legs et la succession anomale, nous ajouterons que, lorsque le testateur a hypothéqué un bien légué, on ne le considère pas comme ayant voulu diminuer la valeur du legs ; de même, dans l'hypothèse qui nous occupe, nous pouvons soutenir que l'intention du donataire de diminuer

---

(1) Demolombe XIII, 554. — Laurent, IX, 203. — Aubry et Rau, VI, § 640 *bis*, texte et note 21, page 724.

uniquement la succession anomale n'est pas suffisamment exprimée.

Tels sont les caractères du droit de retour légal
de l'ascendant donateur et les dispositions que le
législateur a édictées pour en régler l'exercice.
La législation semble avoir adopté, sur cette matière, une solution que l'on peut considérer comme
définitive. Cependant, quelques développements
dans le texte de la loi seraient, peut-être, néces-
saires pour dissiper les doutes qui existent encore
sur certains points.

CHAPITRE V

De l'application de l'art. 915 civ. lorsque le défunt a reçu des libéralités de l'un de ses ascendants.

Pour des motifs dont l'examen nous conduirait en dehors des limites de notre sujet, la loi a établi une réserve en faveur des ascendants : c'est-à-dire que, lorsque ceux-ci sont appelés à recueillir *ab intestat* la succession d'un de leurs descendants, ce dernier ne peut, par des libéralités excessives faites soit entre-vifs, soit par testament, réduire à néant ou à une part dérisoire le lot qui leur sera attribué. La quotité de biens dont ne peuvent être privés les ascendants, s'appelle la réserve; et le surplus des biens, ceux dont on peut disposer , s'appelle la quotité disponible. L'ouverture d'une succession anomale, distincte de la succession ordinaire, fait surgir deux questions très importantes : y a-t-il une réserve et une quotité disponible dans la succession anomale? L'existence de la réserve dans la succession ordinaire réfléchit-elle sur la succession anomale , en d'autres termes, l'application de l'art. 747 exerce-t-elle quelque influence sur l'art. 915?

Nous dirons, tout d'abord, que la solution de la seconde de ces questions est des plus délicates et que, depuis la promulgation du Code civil, elle a été l'objet des préoccupations des jurisconsultes. M. Duranton (1) considérait la controverse comme insoluble, et l'un des derniers commentateurs du Code civil (2) a dit que c'était « la question la « plus difficile de la difficile matière de la réserve.» Du reste, on ne sera pas étonné de voir qu'elle est aujourd hui aussi obscure que le jour où elle a été posée pour la première fois, si l'on songe que, depuis cette époque, il n'est intervenu aucune solution législative pour donner un point d'appui à un système quelconque. On en est réduit à tâcher de faire marcher ensemble deux dispositions qui ne sont pas faites l'une pour l'autre. En effet, l'examen de la discussion permet d'affirmer qu'en rédigeant l'art. 747, les rédacteurs du Code civil n'ont point songé à l'art. 915, et que, d'un autre côté,

(1) Duranton, VI, n° 229, page 251.
(2) Laurent, XII, 27.

l'art. 915 ne prévoit pas le cas où une succession
anomale vient à s'ouvrir. Aussi, avant d'aborder
la difficulté, nous allons rappeler quelques-uns des
principes que nous avons posés et en tirer les conséquences qui semblent utiles pour arriver à la solution du problème juridique que nous avons à
résoudre.

Nous avons établi que, lorsque les ascendants
étaient appelés en vertu de l'art. 747, une succession anomale s'ouvrait à leur profit, de sorte que
deux successions distinctes et indépendantes pre-
naient alors naissance. L'une de ces successions
se compose des biens donnés, l'autre comprend
les biens qui existent dans le patrimoine du défunt. Dans la succession anomale, l'ascendant
donateur est appelé à l'exclusion de tous autres; donc, les appelés à la succession ordinaire ne
peuvent intervenir en aucune façon dans la première succession, puisque leurs droits ne s'étendent pas hors des limites de la succession à laquelle ils ont vocation. En outre, il ne faut pas
perdre de vue que la succession anomale comprend seulement les biens donnés qui se retrouvent en nature dans le patrimoine du *de cujus*,
c'est-à-dire qu'elle se compose de ceux dont le donataire n'a pas disposé; et, par contre, tous les
biens donnés dont le donataire a disposé, restent en
dehors de la succession anomale. Mais on peut avoir
besoin de rechercher à quelle succession ils doivent être rattachés; par exemple, lorsqu'ils ont été

légués, à qui doit-on demander la délivrance ? On
ne peut la demander aux ascendants donateurs,
puisque les biens, dans ce cas, ne rentrent pas
dans la succession anomale ; il faut alors revenir
à la règle générale et décider que les héritiers
ordinaires doivent remettre les biens aux légataires. Si donc les biens donnés dont le donataire a
disposé, ne se trouvent plus dans la succession
anomale, et s'il est utile d'en tenir compte, c'est
dans la succession ordinaire qu'il faudra les comprendre (1). Ces principes, qui résultent de ce que
nous avons déjà établi, étant reconnus, nous allons
aborder l'étude des deux questions que nous avons
posées.

Si la succession anomale est ainsi réduite aux
biens dont le défunt n'a pas disposé, il ne peut être
question, dans cette succession, d'aucune réserve,
et, sur ce point, tous les jurisconsultes (2) sont
aujourd'hui d'accord. On décide que la succession
anomale est une succession exceptionnelle et que,
par conséquent, on ne peut appliquer les règles
de l'art. 915 qui établit une réserve en faveur des
ascendants. On peut ajouter, du reste, que
l'art. 747 ne suppose pas de restriction au droit
qui appartient au donataire de disposer des biens
donnés.

(1) Aubry et Rau, VII, § 687, note 2, page 242. Demolombe,
XIX, 132. Laurent, XII, 30.
(2) Aubry et Rau, VII, § 687, texte et note 2, page 242.
Marcadé, art. 747. Demolombe, XIX, 125. Laurent, XII, 31.
Demante, IV, 52 *bis*, I.

Mais, si des ascendants sont appelés à la succession ordinaire, on peut être amené, par suite des dispositions excessives du défunt, à calculer la réserve à laquelle ils ont droit; cette question est des plus délicates. Nous allons, pour l'exposer, prendre l'exemple suivant : une personne meurt sans enfants ; son patrimoine se compose de 20,000 francs de biens donnés et de 20,000 francs de biens personnels; elle meurt à la survivance de ses père et mère et de son grand-père qui est le donateur; et elle fait des dispositions entre-vifs ou testamentaires pour une somme de 20,000 fr. Qui devra supporter cette charge et dans quelle mesure devront y contribuer ceux à qui elle incombera ? Nous sommes en présence de deux sortes d'héritiers appelés à deux successions différentes : les héritiers ordinaires qui ont droit à une réserve, et l'ascendant donateur; ce dernier est appelé à la succession anomale, dans laquelle il reprendra les biens qu'il a donnés; les autres jouissent de la vocation ordinaire et sont en outre protégés par une réserve. Enfin, il y a les donataires et les légataires qui ont, en vertu des dispositions du défunt, droit à 20,000 francs; sur quels biens les prendra-t-on , et seront-ils payés intégralement ?

La disposition à titre gratuit peut être faite de plusieurs manières : elle portera sur des quantités, une somme d'argent ou une quote-part du patrimoine, ou bien sur des choses déterminées,

14

sur les biens personnels ou sur les biens donnés. Il convient d'examiner la question en prenant successivement pour exemple chacune de ces sortes de legs.

Nous supposerons d'abord que la disposition faite par le défunt ne porte pas sur des biens spécialement désignés : 20,000 francs ont été légués, le *de cujus* n'a pas indiqué sur quels biens ils devaient être pris. Nous avons déjà établi que l'ascendant doit contribuer en proportion de ce qu'il reprend au paiement des legs de ce genre, c'est-à-dire au paiement des legs qui portent sur l'ensemble du patrimoine du *de cujus*; donc, dans l'espèce qui nous occupe, les deux successions étant égales doivent supporter chacune la moitié des legs, de sorte que la succession anomale devra supporter une charge qui équivaudra à 10,000 francs. En somme, l'ascendant donateur ne recueillera que 10,000 francs, les autres 10,000 francs étant l'objet d'une disposition du donataire. Ce dernier ayant disposé indirectement de 10,000 francs sur les biens donnés, cette somme doit être considérée comme étant sortie de la succession anomale, et comme il faut qu'elle se trouve dans l'une des deux successions, elle rentrera dans la succession ordinaire qui se composera : d'abord des 20,000 francs de biens personnels, et, en second lieu, des 10,000 francs qui représentent la part dont la succession anomale a été diminuée. Ces 30,000 francs composent la succession ordinaire, la masse sur laquelle on doit compter la réserve : comme elle est de moitié, les ascendants réservataires auront droit à 15,000 francs, les légataires se partageront une somme égale. Cette solution nous semble devoir être admise, parce qu'elle ne vient heurter aucune des dispositions du Code civil et qu'elle tient compte de tous les droits pour les respecter tous (1).

D'autres systèmes ont été proposés, mais ils nous semblent moins exacts, soit à raison de leur point de départ, soit à raison des conséquences qu'ils entraînent.

MM. Aubry et Rau (2) proposent de calculer autrement, car, selon eux, la solution que nous adoptons serait en désaccord avec l'art. 922 civ. Aux termes de cette disposition, la quotité disponible doit être comptée suivant les biens que le défunt laisse à son décès. Or les biens laissés sont évalués à 40,000 frans ; par conséquent, la quotité disponible sera de 20,000 francs ; il faut donc reconnaître, d'après ces jurisconsultes, que le donataire, en disposant de cette somme, n'a pas excédé les limites de ses droits. Ce premier point acquis, lorsque l'on recherche sur quels biens vont se faire payer les légataires, on en arrive à être obligé de se livrer à un autre calcul pour établir la réserve des ascendants: comme on ne peut

(1) Demante, IV, 52 *bis*, VI.
(2) Aubry et Rau, VII, § 687, texte et note 10, page 247.

la prendre sur la succession anomale, on la déter-
mine en tenant compte seulement de la succession
ordinaire : la réserve est de la moitié de cette succession, c'est-à-dire de 10,000 francs. De sorte que
pour acquitter les legs, on prendra 10,000 francs
sur la succession ordinaire et 10,000 francs sur la
succession anomale. Ce résultat fait ressortir la faiblesse du système de MM. Aubry et Rau. On est
amené, en effet, à calculer la réserve sur une
masse de biens autre que celle qui sert à calculer la
quotité disponible, ce qui est tout à fait contraire
aux règles admises par le Code civil relativement
à la réserve ; car il résulte de toutes les dispositions de la loi sur cette matière que la réserve
et la quotité disponible sont corrélatives ; lorsque
la quotité disponible est de la moitié des biens,
c'est que le réservataire doit avoir l'autre moitié.
Or, selon les jurisconsultes dont nous combattons
l'opinion, la quotité disponible serait de la moitié
de tous les biens laissés par le *de cujus*, c'est-à-dire
de 20,000 francs, et la réserve serait de la moitié des
biens personnels, c'est-à-dire de 10,000 francs. On
dit que cette solution concilie les intérêts des héritiers et ceux des légataires. Nous estimons que les
intérêts des légataires sont seuls sauvegardés ;
car, s'il n'y a pas de biens personnels et si le donataire dispose d'une somme égale aux biens donnés, les ascendants réservataires n'auront rien,
et le calcul de la quotité disponible profitera à
ceux qui ne sont pas réservataires, aux ascen-

dants donateurs ; en effet, il faudra dire : puisqu'il
y a lieu de calculer la quotité disponible, elle doit
être calculée sur les biens donnés, elle est de la
moitié, de 10,000 francs, et les 10,000 francs dont
l'ascendant n'aura pu disposer reviendront, non pas
aux réservataires, mais à l'ascendant donateur.
Le système de MM. Aubry et Rau en arriverait
donc à établir une sorte de réserve au profit des
ascendants donateurs dans certains cas particuliers, ce qui est en contradiction avec l'opinion unanime des auteurs, qui s'accordent à repousser toute
réserve dans la succession anomale. Il convient donc
de décider que l'on doit calculer la réserve et la
quotité disponible sur les mêmes biens, et que
l'on doit en outre ajouter à la succession ordinaire, avant de faire ce calcul, une somme égale
à celle des dispositions que subira l'ascendant donateur (1).

Si les dispositions sont uniquement à la charge
des biens personnels du défunt, on n'a plus à se
préoccuper de la succession anomale qui reste en
dehors, et l'on calcule conformément à l'art. 915,
comme si la succession ordinaire existait seule.

Mais, au contraire, lorsque les dispositions portent seulement sur les biens donnés, ceux dont le
donataire a disposé ne sont plus comptés dans la
succession anomale ; ils doivent être compris dans

---

(1) Comp. Laurent, XII, 33. Demolombe, XIX, 131.

la succession ordinaire et servir au calcul de la quotité disponible et de la réserve (1).

Si les successions sont grevées de dettes, on devra, avant de faire les calculs que nous venons d'indiquer, déduire de la masse des deux successions le montant des dettes et ne tenir compte que de l'actif net de la succession.

Nous avons parlé surtout des dispositions testamentaires. Des donations peuvent avoir été faites; elles auront pour objet soit des biens personnels, soit des biens donnés. S'il s'agit de biens personnels, on les ajoutera à la masse qui comprend les dispositions à la charge de la succession ordinaire ; mais elles ne seront réduites que si elles excèdent la quotité disponible, les legs ne devant être payés qu'après les donations. S'il s'agit, au contraire, de biens donnés, la succession anomale en sera diminuée et la succession ordinaire sera augmentée ; on aura ainsi une masse plus considérable pour calculer la quotité disponible et la réserve.

Nous avons raisonné dans l'hypothèse où l'ascendant donateur n'était pas appelé à la succession ordinaire et était, par suite, en opposition d'intérêts avec les héritiers réservataires. La solution que nous venons de donner sera-t-elle différente si l'ascendant est appelé aux deux successions? Nous

(1) Demante, IV, 52 *bis*, VIII.

ne le pensons nullement (1), car nous avons maintenu la distinction entre les deux successions; par
conséquent, les calculs se feront de la même manière que précédemment. L'ascendant reprendra,
comme donateur, les biens donnés dont le donataire n'aura disposé ni expressément ni tacitement;
en outre, il prendra la réserve.

Mais on peut se demander si l'ascendant n'aura
pas intérêt à renoncer dans certains cas à la succession anomale pour augmenter la réserve. Si
l'on suit le système que nous adoptons, l'ascendant
n'aura pas intérêt à renoncer à la succession anomale; car, dans la situation pire où il peut se trouver, celle où le donataire a disposé de tous les biens
donnés ou d'une somme équivalente qui sera à la
charge de la succession anomale, on en tiendra
compte pour le calcul de la quotité disponible; et,
par suite, la masse sur laquelle on calculera, comprendra les biens personnels, plus la valeur des
biens donnés.

La solution que nous proposons est en harmonie
avec les dispositions du Code civil contenues dans
les art. 747 et 915; mais nous ne pouvons assurer
que ce soit le système adopté par les rédacteurs
du Code civil; une solution législative pourrait
seule faire cesser la controverse sur ce point.

(1) Demolombe, XIX, 130. Laurent, XII, 35. Demante, IV,
52 *bis*, X.

POSITIONS

DROIT ROMAIN

I. L'adoption du gendre, avant l'émancipation de la fille, entraîne la nullité du mariage.

II. Les servitudes établies par pactes et stipulations n'ont pas besoin de quasi-tradition pour devenir définitives.

III. La *querella inofficiosi testamenti* n'est pas une vraie pétition d'hérédité.

IV. Le pacte adjoint *in continenti* à une stipulation vaut *tam ad augendam quam ad minuendam obligationem.*

V. La règle : « *Dies interpellat pro homine* »
n'existait pas en Droit romain.

VI. Dans les contrats de droit strict, les intérêts
moratoires ne sont dus, ni à partir de la
mise en demeure, ni à partir de la *litis con-
testatio.*

ANCIEN DROIT

I. Les éditions de la loi Salique qui contiennent
des gloses malbergiques sont antérieures
aux éditions non glosées.

II. La saisine tire son origine du Droit germanique.

III. L'effet déclaratif du partage se rattache à la
saisine.

DROIT CIVIL

I. Une action en nullité de convention, pour
cause de dol, ne peut pas être déclarée pres-
crite s'il s'est écoulé trente ans depuis
cette convention, mais s'il ne s'est pas
écoulé dix ans depuis que le dol a été dé-
couvert.

II. Lorsque des constructions ont été faites par l'usufruitier sur le fonds dont il avait la jouissance, le propriétaire ne peut reprendre le fonds sans payer une indemnité.

III. Dans le régime dotal, avec société d'acquêts, le mari n'a pas nécessairement l'administration des paraphernaux.

IV. Le mineur émancipé ne peut valablement consentir une hypothèque sur ses immeubles pour sûreté des obligations que la loi lui permet de contracter.

V. L'hypothèque de la femme mariée sous le régime dotal, pour le remploi de ses immeubles aliénés conformément à une clause du contrat de mariage qui les déclare aliénables, remonte au jour du mariage.

VI. L'accroissement entre colégataires d'un usufruit n'a pas lieu après que le legs a été recueilli par chacun des colégataires.

PROCÉDURE CIVILE

I. La caution *judicatum solvi* doit être demandée avant toute exception.

II. L'opposition n'annule pas les jugements par
défaut, elle ne fait qu'en susprendre les
effets.

III. La transcription de la saisie immobilière fait
naître, au profit du saisissant et des créanciers inscrits, un droit réel opposable à
l'acquéreur qui n'a pas transcrit son acte de
vente.

DROIT CRIMINEL

I. L'acquittement de l'auteur principal n'est pas
inconciliable avec la condamnation du
complice.

II. Il n'y a pas tentative de vol dans le fait d'un
individu d'avoir pénétré dans une maison
et de s'y être caché dans une intention de
vol.

III. La Cour d'assises ne peut ordonner la mise
en liberté provisoire d'un accusé dont la
cause est renvoyée à une autre session.

DROIT ADMINISTRATIF

I. Les communes sont responsables des dommages causés sur leur territoire par des attrou-
pements armés ou non armés, sans qu'il y
ait lieu de distinguer entre les causes qui
les ont produits.

II. On ne doit pas admettre en principe l'existence d'une taxe sur le pain et sur la viande.

III. Les conseils de préfecture sont compétents
pour statuer sur les dommages permanents
résultant de travaux publics.

DROIT COMMERCIAL

I. Les tribunaux de commerce ne sont point
compétents pour connaître des difficultés
que peuvent soulever les saisies arrêts
pratiquées en vertu de leurs jugements.

II. Le porteur d'une lettre de change portant que
le paiement se fera en or et argent et non

autrement, ne peut refuser le paiement
offert en billets de banque ayant cours forcé.

III. L'autorisation de faire le commerce peut être
donnée par le juge à la femme séparée de
corps ou de biens, dans le cas de refus du
mari.

DROIT DES GENS

I. Le domicile des ambassadeurs est, en principe, un lieu d'asile, en ce sens que la
police ne peut s'y introduire sans le consentement de l'ambassadeur.

II. L'extradition peut être accordée même en
dehors de tout traité.

III. Les tribunaux ne peuvent apprécier l'illéga-
lité de l'extradition.

ÉCONOMIE POLITIQUE

I. L'impôt doit être multiple.

II. Le libre-échange doit, en principe, être déclaré préférable à la protection, mais l'Etat doit veiller à ce qu'il ne nuise pas aux intérêts nationaux.

III. Le faire-valoir direct du propriétaire est meilleur que le métayage et le fermage.

Cette Thèse sera soutenue en séance publique, dans une des salles de la Faculté de droit de Toulouse.

Vu par le Président de la Thèse,
A. DELOUME

Vu par le Doyen,
H. BONFILS.

Vu et permis d'imprimer :
Le Recteur de l'Académie,
Ch. CAPMAS.

« Les visas exigés par les règlements sont une garantie des principes et des opinions relatifs à la religion, à l'ordre public et aux bonnes mœurs (Statut du 9 avril 1825, article 11), mais non des opinions purement juridiques, dont la responsabilité est laissée aux candidats.

« Le candidat répondra, en outre, aux questions qui lui seront faites sur les autres matières de l'enseignement. »

Toulouse. Imp. Gary, rue des Lois, 6.

TABLE DES MATIÈRES

15

ANCIENNE LÉGISLATION

DROIT ÉCRIT

DROIT COUTUMIER

LÉGISLATION MODERNE

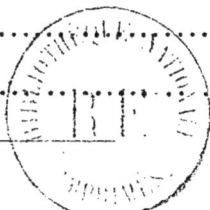